『キングダム』で学ぶ
最強のコミュニケーション力

馬場啓介

集英社インターナショナル

『キングダム』で学ぶ最強のコミュニケーション力

はじめに

「コミュニケーション力」の知られざる定義

コミュニケーションを通してクライアントの目標達成を支える「コーチング」を専門とする私が、なぜこんなにも『キングダム』（原泰久《はらやすひさ》・著）に惹かれるのか!?

そこから始めたいと思います。

紀元前三世紀、七つの国が激しい戦いを繰り広げていた中国を舞台に、主人公・信《しん》の活躍を中心に描かれる『キングダム』。

史実を基にした国同士の駆け引きや、迫力満点の戦闘シーン、信の成長や信との始皇帝・嬴政《えいせい》との友情など、様々な読み方、楽しみ方ができる作品です。

この作品を、私は「コミュニケーションの最良の教科書」とフォーカスしています。コミュニケーション力の大切さを伝える立場の私にとって、最も学びの多い、「最強のテキスト」が『キングダム』なのです。

コミュニケーション力の大切さは、近年様々な場所で語られています。私が携わる「コーチング」の仕事においても、「コミュニケーション力」が、最も大切なキーワードです。「コミュニケーション力に優れた人」と聞いて、あなたが思い浮かべるのはどんな人でしょう?

「話が上手な人」
「ユーモアのある人」
「聞き上手な人」

そんな答えが多く聞こえてきそうです。どれも間違いではありませんが、本当の意味でコミュニケーション力が高い人の姿とは、私は関わった相手から次のように思われる人なのではと感じています。

「なんかまたあの人に会いたいな……」
「それでもあの人を信頼したい!」

「あの人のためにも頑張りたい！」

ではどうしたら、人からこのような感情を引き出せるのでしょうか。

これは私が仕事としている「コーチング」にも関わってくるところですが、私は次の三つの姿勢が大切だと感じています。

一．人を「上・下」「好き・嫌い」ですぐ区別しない
二．「良い・悪い」「正しい・正しくない」で物事をすぐジャッジしない
三．感情のコントロールが巧みで、言動に安定感がある

しかし、これらを現実社会で日々実践するのは、並たいていのことではありません。そのうえ近年は、摩擦を避けるため他人と深く付き合いたくない、という人も増えています。ＳＮＳなどの進歩で、遠方の人とでもつながりを感じられるようになった一方、直に触れ合う「人間関係」は希薄になってきました。

だから今こそ、『キングダム』に描かれる濃密なまでの生身のコミュニケーションに着目する必要があると私は考えるのです。

乱世の「今」を生き抜くカギはコミュニケーション力

二〇一九年末以来、世界中を襲っているコロナ禍で、「人間関係」の希薄さはさらに加速していると思います。コミュニケーション力の必要性が、企業のみならず、教育の場でも盛んに説かれるようになったのは、コミュニケーション力の低下が著しい証拠なのではないでしょうか。

コミュニケーション力は、先行きが不透明で不安な時代を、強く、賢くサバイバルしていくためのカギとなるものです。

現代社会は、人工知能の進化により、猛烈な勢いで進化しています。数年前の「常識」は「非常識」になり、ビジネスも、教育も、キャリアも、誰も「正解」がわからない時代です。

私たちは、『キングダム』の春秋戦国時代に匹敵するような、乱世に生きています。

「正解」がない時代に、最も大切なことは、自分で深く考え、自分の「正解」を見つけ出し、トライ&エラーで、より早く行動を繰り返す力です。

「正解のない時代」こそ、「対自分とのコミュニケーション力」を高める「コーチング」という学問のニーズが高まっているわけです。

これからは、「働き方」の常識も変わり、企業での強制的なつながりではなく、「コミュニティの時代」とも言われています。上下関係ではなく、異なる職種、職業、価値観を持った人同士が、力を合わせ、学び合い、何を生み出せるかが、ビジネスでも重要なカギとなっています。

だからこそ、次の時代は信頼関係を築く「コミュニケーション力」が、何より重要となるのです。

私はコーチングスクールや大学の講義などで、学ぶべき優れたコミュニケーションのお手本として『キングダム』の言葉をよく引用しています。魅力的な登場人物によって展開される作品世界を例に出すことで、受講者に、より深くコミュニケーションの本質をつかんでもらえています。本書は多くの方に、今の時代に必須なコミュニケーション力、またそれを物語の中で具現化している『キングダム』という作品の奥深さを知ってもらいたく、書籍としてまとめたものです。

序章ではまず、私がどのような観点から『キングダム』をコミュニケーションの教科書と考えているかを、簡単にご紹介します。

第一章では、主人公である秦《しん》国の信が、人との出会いを通じてコミュニケーション力を高めていく姿を追っていきます。

誰でも幼少期には「自分」を中心に人やものを見ていますが、人との出会いを重ね、思考力や知識が増すとともに、視野が広がります。相手の立場に立って物事を見直したり、現状を俯瞰的に観るなど、「視点の数」が増えるからです。

「視点の数」が増えれば増えるほど、コミュニケーション力が強化されることを、信の成長とともに見ていきます。

第二章のキーマンは、秦の大将軍・王騎《おうき》をかたわらで支え続けた騰《とう》です。騰こそ『キングダム』の登場人物の中で、最もコミュニケーションスキルが高い人物、と私は解釈しています。

騰のどんな思考や言動がコミュニケーション力につながるのかを説明しながら、No.1とNo.2（上司と部下など）の理想的な関係についても考察していきます。

後半では、秦国以外の大物たちのコミュニケーション力についても紹介します。

第三章では、コミュニケーション力を高めるうえで、最も大切な「究極の視点」について説明します。

『キングダム』がとても感動的なのは、激しい戦闘シーンの中にも、人と人との関係性が美しく描写されているからだと私は思っています。その人間関係の「美しさ」を生み出す原点は、登場人物の多くが共有している「究極の視点」。

それはいったいどんな視点なのか。それを端的に表すシーンを紹介していきます。ここを読めば、なぜ私が『キングダム』を、「コミュニケーションの最良の教科書」と位置づけたのか、おわかりいただけるはずです。

第四章のテーマは、「意外性」と「質問力」です。想定外の事態に遭遇しても決して慌てず、度肝を抜く解決策で窮地を救える人物がいたら、周囲はその人物の下に団結するのではないでしょうか。意外性を持つ人物もまた、コミュニケーションの達人と言えるのです。

『キングダム』では、元野盗の桓騎《かんき》将軍がその手本を示してくれます。桓騎将軍は残虐性の裏に、非常に高いコミュニケーション力を隠し持っています。

この章では桓騎将軍に加え、河了貂《かりょうてん》のズバ抜けた「質問力」も取り上げます。相手に自問自答を促す「高度な質問」です。高度なコミュニケーション力が備わっていなければ「高度な質問」は発せられません。それを河了貂から学んでみたいと思います。

次ページに、私が考える「コミュニケーション力が高まる六段階のレベル」を挙げました。詳しくはのちほど述べますが、**自分を客観的に観る能力「自己認識力」が高まるにつれて、「視点の数」が増え、圧倒的なパフォーマンスを発揮できる人になります。さらに視点が増えることで『キングダム』の登場人物たちが皆備えている「究極の視点」が得られます。**この図を参考にしながら読み進めていただければ、より理解が深まると思います。

ファンにはお馴染みの登場人物たちが最強のコミュニケーション力を見せてくれる場面をクローズアップしながら、それをどう身につけるか、ビジネスや日常の人間関係の中でどう活かせるか。ぜひ楽しみながら読み進めていってください。

自己認識力のレベルについて

高い

自己認識力

低い

《チェック指標》

▼
▼
▼

時空を超えて自分やチームが与えている影響を理解している状態。

自分の言動を自在に操り、影響力をコントロールすることができる状態。

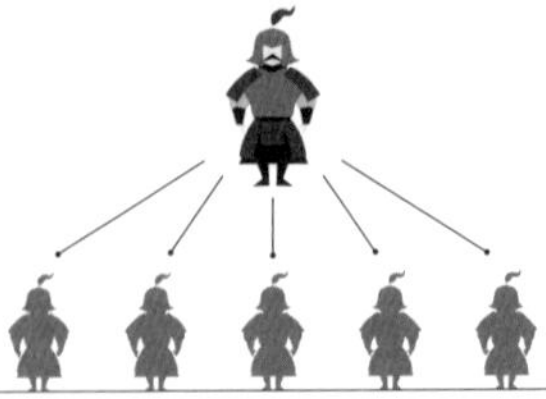

自分や周りの人のエネルギーを下げてしまう「残念な口癖や言動」を、意識して、慎むことができる状態。

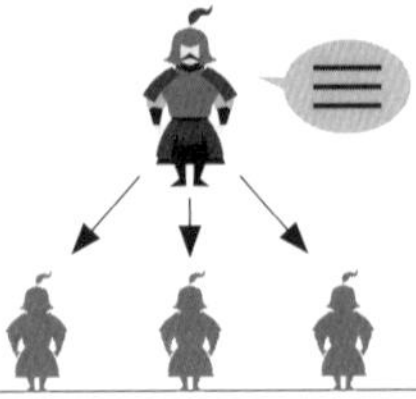

自分の口癖を3分以内に3つ言える状態。言えなかったらレベル2。

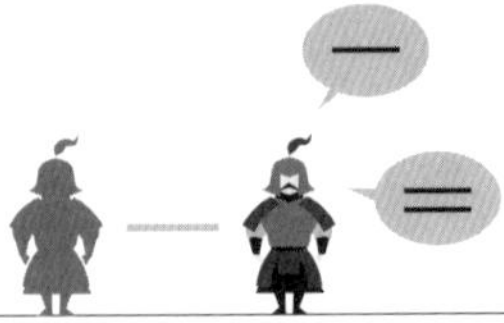

自分の口癖が1つ、2つ言える状態。

無意識の言動ばかりで、自分を客観視できておらず、自分の「口癖」ひとつ思いつかない状態。

※口癖は、声に出していない言葉も含まれる

❻ 大将軍（覚醒）レベル

…▶ ❺に時間軸の視点が加わったレベル。

❺ 将軍レベル

…▶ 自分のチームや、他のチーム（敵など）に、自分が与えている影響を理解しているレベル。

❹ 千人将レベル

…▶ 自分や周りの人に影響を及ぼす「残念な口癖」を理解しているレベル。

❸ 百人将レベル

…▶ 自分と深く関わる人たちへの、自分が与えている影響を理解しているレベル。

❷ 伍長レベル

…▶ 自分を、多少、客観視できているが、自分の心配のほうが気になるレベル。

❶ 新兵レベル

…▶ 自分の言動のほとんどが無意識なので人に流されてしまっているレベル。

目次

第一章

主人公・信から学ぶ コミュニケーションの視点 31

第二章

高い自己認識力がもたらすワンランク上のコミュニケーション

第三章

『キングダム』に秘められた究極の視点

第四章

「想定外の視点」と「最強のコミュニケーション力」 175

序章

なぜ『キングダム』は
コミュニケーションの最良の教科書なのか

『キングダム』はコミュニケーションの最良の教科書、と「はじめに」で記しましたが、私がどのような観点からそう言っているのか。それを知っていただくために、この章で簡単に自己紹介をさせてください。

現在、私は二つのコーチングスクールを運営し、全国規模でコーチングを広めながら、ビジネスコーチとして、経産省や大企業などで長期的に人材育成を担当しています。

コーチングと聞いてスポーツ選手のコーチを連想する人は、その役割について「教える」、「アドバイスする」「指導する」というイメージが浮かぶかもしれません。

しかし、本来のコーチングとは、クライアント（依頼者）にアドバイスはしません。クライアントと真摯に向き合い、コミュニケーションを通じて共に理想像を描き、それが実現できるよう陰で支え続ける役割を果たします。クライアントが決めた「目標」に、より早く、より確実に辿り着けるよう定期的に対話を重ね、その人から新たな気づきや新たな行動を引き出していきます。

人は脳の「前頭葉」で自分への「問い」をつくり、知識や情報がたくさん蓄積されている「側頭葉」から情報を引き出して、日々考え行動しているそうです。いつも同じような「問い」

を投げかけていたら、同じ情報しか引き出されず、当然行動も変わりません。ですから、新しいアクションを起こすためには、自分だけでは生み出せないような「問いかけ」によって、「側頭葉」から新たな情報が引き出されるのを促す必要があります。その手助けをするのが「コーチング」です。

ピーター・ドラッカーやウォルト・ディズニーも言うように、〝「現状維持」は衰退〟です。私たちは常に、質の高い新たな質問を自分に問いかけ、側頭葉に溜めている様々なリソース（情報や知識）を引き出し、行動を変えていくことが必要なのです。

「コーチングを学ぶ」とは、それを自分でうまくできるようになることが主な目的。「コーチをつける」とは、前頭葉の代わりにコーチから様々な質問を投げかけてもらい、自分のリソースを最大限に活用し、自分の行動や変化のスピードを高め、パフォーマンスを上げることを目的としています。

現在では、「フォーチュン５００」の約五〇パーセントの経営層がコーチをつけており、シリコンバレーの名だたる企業経営者がコーチの存在を重宝していることは、多くの人に知られています。また米国では、学生も社会人もアーティストも起業家も、コーチをつけることが当たり前になりつつあると言われます。

さて、そんなコーチングは、〝スキル〟を学ぶだけでは、できるようになりません。クライアントと「絶対的信頼関係」を築く力が必要であり、そのために優れたコミュニケーション力が重要になるのです。

コミュニケーション力は誰にでも磨ける

私の社会人生活は、人材派遣会社で始まりました。職種は営業でしたが、実際の仕事は「営業」の前に「飛び込み」がつきます。

担当エリアの企業にアポなしで片っ端から飛び込み、一日一〇〇軒は回らないと会社に戻れない環境です。飛び込み営業マンなど、大半の企業は相手にしてくれません。渡した名刺を目の前で捨てられるのはまだいいほう。「しつけェんだよ！」と脛を蹴られたことも度々。担当エリアが渋谷の繁華街だったこともあり、ガラの悪い兄さんに非常階段で突き落とされたことさえありました。

私の営業のやり方にも問題はあったのですが、体の痛みより辛かったのは、営業先の男性社員に「いいねぇ、毎日人の仕事を邪魔するだけで給料をもらえて」と、鼻で笑われたことでした。それでも、引き下がるわけにはいきません。

窓の外から社内を眺めて注意を引き、追い払いに来た人に名刺を渡して営業したことが、何度もありました。社会生活のスタート時点で、私が学生時代から必死で守ってきた「小さなプライド」は、ズタズタに破壊されてしまったのです。

「ちんけな誇りなんて持ち合わせてねェのが俺らの誇りだ!」（『キングダム』第18巻）

信《しん》が他の隊の作戦をまねて顰蹙《ひんしゅく》を買ったときに叫んだ言葉です。当時これを知っていれば、楽な気持ちになれたことでしょう。しかし、まだ信にも『キングダム』にも出会っていなかった私は、精神的なダメージを溜め込むばかりでした。

今は、その経験こそ私を支えてくれている土台であり、また「スタート地点が低くてよかった」と思っています。あの約三年の日々で、どんな仕事にも敬意を払えるようになり、コミュニケーション力を磨くきっかけにもなったからです。

飛び込み営業の仕事で、一度だけ大チャンスをつかんだことがありました。新興会社から「六〇〇人」の派遣を受注したのです。一人の受注さえ苦労していた私にとって夢のような出来事でしたが、その夢はわずか三カ月あまりで悪夢に転じました。

その会社の幹部が、多額の出資金に関係する詐欺容疑で逮捕され、会社は破産し、私の勤務先から派遣された派遣社員は、いきなり職場を失ってしまったのです。

この事件の後、私はコールセンターへ異動することになりました。一日一〇〇軒の外回りから、電話応対に明け暮れる日々に。そんなとき、私を心配した同期のひとりが私を訪ねてきました。そのとき私に言った言葉が、人生を変えるきっかけになったのです。

「最近流行《はや》っているコーチングという仕事、馬場君に向いていると思う」

このときは少し話を聞いて「会話をするだけで、仕事になるのかな……」と思っただけでしたが、それから数日と経たないうち、コールセンターの控室で日経新聞を読んでいると、大きなかっこいい「コーチ募集」の広告が目に留まりました。コーチエィという会社の広告でしたが、飛び込み営業しかできない二五歳の私が満たす応募資格は一つもありませんでした。『キングダム』でたとえれば、平民は一足飛びに将軍になれないのと同じです。にもかかわらず、その広告を見たとき、「あ、俺はここに入り、日本一のコーチになるのかもしれない……」と、直感が働いたのを、今でもはっきり覚えています。

その想いを確信に変えてくれたのは、父親の言葉でした。広告を見てからさらに数日後、久々に会った父親がこう言ったのです。

「最近、会社でコーチングという研修を受けたんだけど、おもしろかったよ」

短期間に三度も「コーチング」という言葉に出会ったことで「運命」を感じ、すぐに行動を開始しました。企業説明会に参加し、会場にいたコーチエィの当時の社長を追いかけて直談判したのです。

「やる気だけは誰にも負けないので、面接だけでも受けさせてください」

社長は歩きながら、私の顔を一瞬だけ見て、「いいね、おもしろいね」と言ってくれました。

そのときの、後ろ姿のかっこよさ、大らかさ。それが、私の恩師である、コーチングのパイオニア伊藤守さんとの出会いでした。

「憧れの人」と同じ景色を観る

そうして臨んだ面接試験を私は奇跡的にパスします。しかし入社後、全社員の前で当時の副社長にこう言われました。

「馬場さんは、ギャンブル採用です」

同僚の職歴を知れば、その意味は明らかでした。誰もが憧れるキャリアを積んだそうそうたるエリートばかり。運命を感じて飛び込んだ随一のコーチングファームで、私はまたしても底辺からスタートすることになりました。

それでも私自身は希望に燃えていました。モチベーションとなったのは、伊藤さんの存在でした。人生で初めて、「自分もこの人のようになりたい。この人と同じ景色を観たい」と思う人物に出会えたのです。

その道で最高峰を目指すなら、まず最初に、最高峰の人を身近に感じ、自分の「基準」を設定することが重要です。初めに中途半端な人から学ぶと、思考が偏り、成長しにくくなります。最初に付き合った恋人が、その人の恋愛観に強烈な影響を与えるのと同じなのです。

憧れの人物に巡り会えれば、人はその目標に向かって我武者羅に突き進めることを私はこのとき知りました。王騎《おうき》将軍に出会った信を始め、『キングダム』にはそうした例がそこかしこに散りばめられています。

ただ、モチベーションの高さと裏腹に、初めは戸惑いの連続でした。入社後は、コーチングの技術もクライアントの獲得方法も、自分自身で模索していく必要があったからです。まずは前職で覚えた「飛び込み営業」でクライアントを獲得しようとすると、上司たちから反対されました。泥臭い飛び込み営業は、当時の会社が目指している会社のイメージや社風に合わないと考えたようです。しかし、一人だけ、こう言ってくれた人がいました。

「うちに飛び込み営業をするコーチがいても、僕はいいと思う。馬場君にしかできないことだし」

伊藤さんでした。この一言で、私はクライアント獲得に「飛び込み営業」も取り入れたのです。

コーチングに関して、直接、伊藤さんからアドバイスをいただけたのはたった一つ。「なりきれ！」でした。

「新人だから、を言い訳にして行動を止めるな」という意味ですが、私はその意味を理解しないまま、電話営業を始めました。いざ訪問し、どんなに難しい質問をされても、余裕の表情で「〇〇さん、コーチングの価値は説明ではなく、ぜひ、受けてみて感じ取ってください」と決めゼリフを言い、営業を繰り返しました。

「なりきる」ことの本当の意味や価値を知るのは、実際にコーチングでクライアントと向き合ったときのことでした。

経験の浅さを見抜かれないようにと思えば思うほど、冷や汗が止まりません。このとき初めて私の意識が大きく変わりました。

あとは、もう必死です。毎朝、毎晩、家でコーチング関連の本を片っ端から読み、自主トレーニングに励みました。

〝理想の自分になるために足りないものがある〟とはっきり理解し、今すぐ、なんとかしなければならない状態になって初めて人は本当の意味で謙虚になれます。そして自然と努力ができます。

なぜ「物語」で学ぶべきか

日本一のコーチに「なりきり」我武者羅に伊藤さんのもとで奮闘した結果、当時、史上最速・最年少で国際的なコーチの資格を取得し、最大のコーチングスクールのトップトレーナーになるまでに成長しました。そして現在、起業し、一〇年以上が経ちました。『キングダム』で言えば全責任を負う「将軍」の立場で、「コーチング」という「コミュニケーション力」を伝えることを専門に活動しています。

次世代のコーチを育てる立場にもなり、全国の学校や、飛び込み営業ではビルにも入れなかった大企業や省庁でも、「コミュニケーション力」について話をさせていただくまでになりました。

コミュニケーションとは、人と人とのあいだに生まれる感情や意思、情報の伝達を意味しますから、「最良のコミュニケーション」には、「心が通い合う」ことが不可欠です。相手によって距離のとり方、質問内容、使う言葉を変えながら、信頼関係を築いていく必要があります。

起業し、ゼロから二〇〇〇名以上のコミュニティの代表となった今だからわかることですが、どんなにコミュニケーションをスキルや理論で学び、うまく話をしても、誰もついて来てはくれません。

本物の「仲間」を得るには、一人一人と「心」でつながり、「信頼関係」を築くコミュニケーション力が問われます。

そんなコミュニケーション力を身につけるには、経験から学ぶか、感情移入できる物語から学ぶのが最も効果的です。

とはいえ、皆が皆、都合よく自分を成長させる経験ができるとは限りません。しかし、世にある物語には数え切れないほどの登場人物たちの経験が詰まっています。

その中でも、私が愛してやまない最良のコミュニケーションの教科書が『キングダム』なのです。

いよいよ次の章から、『キングダム』の登場人物たちの姿を紹介しながら、誰でも「コミュニケーション力」を高め、「大将軍が観る景色」を観られるようになる秘訣をお伝えしていきます。

ぜひ、最後までお付き合いください。

第一章

主人公・信から学ぶ
コミュニケーションの視点

秦

信《しん》
主人公。下僕の身から天下の大将軍を目指す。飛信隊隊長。

嬴政《えいせい》
第31代秦国王。前代未聞の中華統一を志す。

飛信隊

河了貂《かりょうてん》
山の民で信の元・同居人。飛信隊の軍師となる。

竜川《りゅうせん》　**尾平**《びへい》

松左《しょうさ》　**昂**《こう》

尾到《びとう》

王騎《おうき》
伝説の六大将軍の一人。「秦の怪鳥」の異名を持つ。

王翦《おうせん》
謎多きミステリアスな知将。王賁の父。

桓騎《かんき》
元は野盗団首領の異色の将軍。その戦いは残虐非道。

王賁《おうほん》
信と同世代の将。王翦を父に持つ。玉鳳隊隊長。

乹備《かくび》
下僕から成り上がった将。輪虎に暗殺される。

麃公《ひょうこう》
常に戦場の最前線に身を置く本能型の大将軍。

楚水《そすい》
元・乹備隊副長。乹備の死後、飛信隊に入る。

岳雷《がくらい》
元・麃公軍の将。麃公の死後、飛信隊に入隊する。

成蟜《せいきょう》
嬴政の異母弟。クーデターを起こすも失敗に終わる。

漂《ひょう》
信の幼馴染。嬴政の影武者となり、命を落とす。

趙

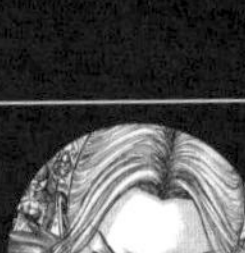

李牧《りぼく》
趙国三大天の一人。類まれなる才能を持つ軍略家。

龐煖《ほうけん》
趙国三大天の一人。自らを「武神」と称する。

万極《まんごく》
「長平の戦い」の遺児で、秦国を強く恨む趙将。

この章の中心人物は『キングダム』の主人公・信《しん》です。自ら率いる飛信隊の古参メンバーや新たに加入した歴戦の勇士たち、そして戦場で出会う敵……誰に対しても真っすぐ向き合い、素直な言葉で交流していく信の交遊録と語録があれば、そのままコミュニケーションの教科書になってしまいそうです。

コーチングを職業とする私から観ても、信は周囲の人を自然に成長させる優れたコーチであり、魂が触れ合う人付き合いができる、天性の「コミュニケーションの達人」だと思います。真っすぐで明るい信の振る舞いは、わかりやすく、手本にしやすいので、すぐにでもビジネスやプライベートの場で活かすことが可能です。

ここで紹介する信のエピソードには、大切だとわかっていてもなかなか実践できない「正直」「素直」「信頼」「未来志向」など、いくつものキーワードが含まれています。これらを身をもって実践している信の姿を観ていけば、必ずその大きなプラスの効果を実感できるはずです。

では、さっそく見ていきましょう。

人生は、応援された者勝ち

『キングダム』で私たちが初めに出会うのは、少年時代の信と漂《ひょう》です。秦国で戦争孤児となった信が引き取られた家にいたのが、やはり戦争で家族を失った漂でした。

出会ったときから知的で落ち着いた雰囲気を漂わせていた漂は、すでに自分の未来像を頭に描いていました。下僕同然に扱われる境遇から抜け出す方策は、兵士になって活躍し、秦の将軍に上り詰めることだけだと語ります。

その言葉を信じ、つらいことに目を向けず、漂と二人で目を輝かせながら武術の鍛錬を重ねていく信の素直さとひた向きさに、私は心をつかまれてしまいました。これは『キングダム』ファンの共通項ではないでしょうか。

信は初めから、「応援したくなる」キャラクターとして登場したのです。この「応援したくなる」というポイントは、コミュニケーション力を測る重要なバロメーターでもあります。

私は応援してほしい人に応援してもらえる人生が一番幸せだと思いますが、特定の分野でNo．1の地位に就いていても、ストイックに一つのことに打ち込んでいても、あるいは使いきれないほどの富を所有していても、それだけで周囲の人から〝応援の視線〃を送られるわけで

はありません。

誰かを応援したいという気持ちは、応援される人の「あり方」から自然と生まれる感情です。

では、どんな人物が、多くの人から「応援される」のか。私の考えるポイントは三つあります。

一．**「未来志向」であること**
二．**常に「正直」であること**
三．**どんな局面でも「自分と仲間を信じる」と決めていること**

『キングダム』にはこの三要素を持っている人物が多数登場します。三つを完璧にそろえた人物の代表が、主人公の信です。

まずは、信が多くの人に「応援される」理由をお伝えしましょう。

それは、「最高の自己紹介」ができるからです。

「お前は何者だ？」

初めて出会った相手にこう聞かれたとき、信はこう言うのです。

「天下の大将軍になる男だ」

この言葉には、「未来志向」と、「正直さ」、そして「自己を信じる力」がストレートに表現されています。だからこそ、相手に強烈なインパクトを与えるのです。

相手によっては信の言葉を「大それた夢」だと軽んじるでしょう。信と身近に接する飛信隊員の中にも、初めはそう感じる者がいました。しかし、理想の未来像を目指して邁進し、着実に戦歴を重ねていく信に、いつの間にか喝采とエールを送ってしまうのです。

未来を七秒で魅せろ

私は企業や行政機関で面接官の研修を担当する一方、大学では学生に面接指導をしています。学生たちに「理想の自己紹介」として毎年紹介しているのは、「天下の大将軍になる男だ」という信の言葉です。

と言っても、企業の採用面接会場で「私は御社の社長になる男だ」と言うよう教えているわけではありません。ポイントは、面接担当官に「未来への自分の道筋」を簡潔に示すこと。

人の第一印象は、七秒で決まると言われています。

人は、他人が夢見ている未来を知ると、「何か自分に応援できることはないか」と考える傾向があります。

素直にわかりやすく自分の未来を語れば、耳を傾け、関心を持ってくれる人に巡り会うチャンスが増えます。夢に近づいていけるのです。

初対面の相手に対して、過去の実績や、得意分野を述べることが必要な場合もありますが、企業などの採用面接では「自慢」ととられる可能性があることは言わないほうが効果的。実績や趣味、得意なことは、履歴書に記せばいいのです。

戦国の世に生きる信の自己紹介に戻ると、「お前は何者だ?」と聞かれたとき、「飛信隊の信だ!」「馮忌《ふうき》を討ち取った信だ!」とは言わず、「大将軍になる男だ」ときっぱり言い切っているところが、最大の得点ポイントです。

もしこのときの信の言葉が「大将軍を〝目指す〟男だ」であったなら、大将軍である王騎《おうき》将軍が自分の矛を信に授けることはなかったでしょう。

この世界には様々な「成功哲学」や「成功の法則」がありますが、ビジネスコーチとしての経験から、「誰でも結果が出せる確かな方法、法則」と私が実感したものはたった一つしかありません。それは……

「大前提を決めたもの勝ち」

つまり、理想の自分像を見つけたら、「なりきり」、まっしぐらにそこへ向かって進むだけ。まさに大将軍を目指す信の生きざまそのものですが、『キングダム』以外から一つ有名な例を挙げてみます。

アメリカのホテル王ヒルトンは、ベルボーイからスタートしたそうです。

「ベルボーイがどのようにしてホテル王にまでなれたのですか?」という質問に対し、ヒルトンはこう答えています。

「ベルボーイがホテル王になったのではない。ホテル王がベルボーイから始めたのだ」

秦国の大将軍になったとき、信はヒルトンと同じように、こう言うのではないかと、私は想像してしまいます。

「下僕が大将軍になったのではない。大将軍が下僕から始めたのだ」

目標とする未来像があるとは、こういうことなのです。人間は「捉え方」をコントロールできる唯一の生き物です。同じ出来事にあっても「捉え方」次第で、未来は変わっていく。「自分はこういう人間になる」と思い、それを疑うことなく生きていけると自然とそこに向かうのです。なぜなら、「捉え方」が、そうなるように自然と働くからです。

私もそうでしたが、信の場合も目標を掲げた直後に手本となる大将軍・王騎と巡り会い、より具体的に理想像を描けるようになりました。

あなたも、まず未来像をしっかりと掲げることです。そして理想とする人物に出会えたなら、その人のレベルに近づくために、その人をとことん応援しましょう。

「長期の視点」を常に持つ

信がリーダーを務める飛信隊の隊員と信の交流シーンは、『キングダム』の醍醐味です。歳若く、兵としての経験も浅いうちから、折に触れ「俺は天下の大将軍になる」と語る信を、初めのうち隊員たちは冷ややかな目で眺めています。

しかし、目の前の現実だけではなく、遠い未来も見据えて仲間を鼓舞し、きっちり結果を出していく信を、徐々に頼もしいリーダーとして認めていくのです。その顕著なシーンをここで紹介させてください。

百人の隊員を束ねる百人将となった信が、王騎将軍から直々に命を受け、隊を率いて趙《ちょう》の馮《ふう》忌《き》軍との戦いに臨むシーンです。

仲間に檄を飛ばす信の目の前で、飛信隊の伍長・竜川《りゅうせん》が沈痛な表情を浮かべています。産まれたばかりの我が子を思い出し、戦う意欲を失いそうになったのです。周囲の隊員も竜川につられ、故郷に残した家族を思って沈んでいるところへ、信は言い放ちます。

「話を戻すぞ」（『キングダム』第12巻）

つづけて、目前に迫る戦いの意味を伝えるのです。

「この飛信隊《ひしんたい》は言わば、一本の〝飛矢《ひや》〟だ。敵将の所まで飛んできゃ、その首とれるし、届かなきゃそこでたたき折られて——全員 死ぬ。（略）お前らの帰りを待ってる村の人間も全員死ぬんだ。（略）竜川《りゅうせん》！ 勝たなきゃお前のガキもそうなりかねないんだぞ。お前ら、頭にたたき込んどけ。これは、そういう戦いなんだ」（同書）

この言葉で全員の士気をふたたび高揚させた信。読者の中には、竜川に優しい言葉の一つもかけない信を、「非情なリーダー」と思った方もいたかもしれません。

しかし、目先のことにとらわれず、この戦いの意味と、一丸となって戦わなかった場合の悲惨な未来図を全隊員に切実さをもって喚起したからこそ、全員の心をまとめることに成功したのです。

趙の馮忌軍との戦いを前に怖じ気づいてしまう飛信隊に、信はこの戦いに勝たねばならない「理由」を伝えた。『キングダム』第12巻より。

歳若く、戦場での経験もわずか一年ほどの信に、なぜこのような発言ができたのでしょうか。

それは今、自分の身の回りで起きていることだけでなく、自らが大将軍となって秦国を背負って戦う未来の景色まで見通す「長期の視点」を持っていたからです。

長期の視点は、コミュニケーション力の重要な要素の一つです。これがないと、目の前の問題しか見えず、感情に流されて判断を誤ったり、焦って暴走することが多くなるのです。

これではリーダーは務まりません。信のように大局的な見地に立ち、「どんな未来のために、今自分たちは何をしているのか？」を常に考え、それを示すことで、組織をまとめる理想的なリーダーになれるのです。

問題を「問題視」しない優しさ

先のエピソードでポイントとなるのは、信が仲間を心底信じ切っていることです。このシーンを読むと、自分が士気を上げさえすれば、必ず隊員たちはついて来てくれると信じて発言している様子が信の表情から伝わってきます。

同じ言葉を用いても、相手を心から信じて言葉を発するのと、単に自分の欲求を満たそうとして発するのとでは、言葉の重みがまったく違ってきます。相手を信じて発した言葉は、必ず相手の心に響くのです。

信は、ときに悩んだり困惑している隊員と距離を取り、すぐには手を差し伸べないことがあります。しかし、これは長期の視点から「そのほうが相手のためになる」と判断しての行動です。「冷たい」態度に見えても、実は「優しさ」なのです。

コーチングの世界に置き換えて考えても、信の言動は理想的だと思います。目先の問題に気をとられているクライアントがいた場合、その問題をあえて無視し、その人が将来目指す人物像を示すことがしばしばあるからです。するとクライアントも、自らこう考えてくれます。

「私は目の前の問題を問題視することで、何を守っているのか？　そもそも何のために頑張っているのか？」

信がとった方法は、これとまったく同じ。だからこそ、隊員たちから自発的な戦闘意欲を引きだせたのです。私から観れば、信はきわめてコーチ型リーダーと言えます。

「長期の視点」というキーワードで、一瞬、王翦《おうせん》将軍にもスポットを当てさせてください。

趙国との朱海平原《しゅかいへいげん》での戦いにおいて、王翦は息子である王賁《おうほん》が戦で劣勢に陥った際、助言も援軍も送らず、息子の戦いぶりを見守ります。周囲の人間でさえ、「王翦は王賁を見捨てたのでは……」と疑うほど非情な振る舞いをするのですが、これも実は息子を愛し、信じる、と決めているがゆえの行動に思えます。

王翦は王賁に武将としての成長を促すために、あえて試練を与えているのです。たとえて言うなら、「獅子の子落とし」です。

王賁は父親の戦略をはかりかねて葛藤しながらも、信と時を同じくして「長期の視点」を駆使した檄《げき》で自らの隊を鼓舞し、武将としての覚醒を見せます。それは「長期の視点」により、父親の判断を「自分への期待」と信じることができたゆえの結果と私には思えるのです。人は、誰かから〝長期の視点〟で応援されていることに気づけた時、大きく成長できるものです。

ここで10～11ページの図を見てください。この王翦の視点は間違いなく大将軍レベルです。信や王賁をそれぞれ「個」に深く観る視点はもとより、二人の関係性まで見通し、戦いながら覚醒するということまで予想していました。まさに〝時間軸を加えた視点〟を持っていたのです。

信に話を戻しましょう。**長期的な視点があれば、どんな時も「目的に向かって急ぐ」ための冷静な準備ができるようになります。**まだ歳若い信ですが、いったいいつどうやってこの「長期の視点」を身につけたのでしょうか。信が初めて長期的な視野に気づいたのは、物語序盤、嬴政《えいせい》とともに王都・咸陽《かんよう》を奪還した直後の次のシーンではないでしょうか。

王弟・成蟜《せいきょう》が画策した反乱を鎮める戦に加わった後、正式に秦軍の歩兵となり、剣術に磨きをかけようと焦る信。それをかたわらで見ていた嬴政が、信に言います。

「急ぐのと焦《あせ》るのは違う。明日すぐに戦場へ行けるわけではない。まずは身体《からだ》を治すことに専念しろ」（『キングダム』第5巻）

信が「長期の視点」を学んだ瞬間はここだと私は解釈しています。

「話を戻すぞ」と言葉を発したのは、それから一年後。信は新たな人と出会うごとに多くのことを吸収して視点を増やし、それを飛信隊の隊員にも浸透させていくのです。

飛信隊結成時から信と苦楽をともにした人物の中で、いち早く信の非凡さに気づき、感化されていった仲間を次に紹介しましょう。

人間関係のカギは距離感

誰よりも早く、信を頼もしいリーダーと認めていた隊員が、松左《しょうさ》です。そのことを示すのは、馬陽《ばよう》の戦いにて飛信隊が王騎将軍と対面したシーン。

「しかし、うちらの隊長も行々《ゆくゆく》はあれになるんだろ。天下の大将軍に」（『キングダム』第11巻）

王騎将軍の威容に接し、隊員たちが口々に感嘆の言葉をもらしているとき、信もやがて将軍になると信じていた松左は、自然とつぶやいているのです。

この時点でそれを信じていたのは、飛信隊の中では松左だけだったかもしれません。まだ他の誰も信用していない中、松左はたった一人、信の夢の実現を確信し、その確信を前提とした発言をしている点に注目してください。松左の「人を観る視点の数」は、飛信隊の中でも群を抜いているのです。

松左は自分のチームに対して、自分が与えている影響を理解しています。10〜11ページの図で見れば、千人将レベルと言えます。

松左は、信が飛信隊に語りかけるとき、決して前列にはいません。信を誰より信じているので、いつも少し離れたところから信の言葉を聴き、飛信隊の様子を観てふっと微笑んだり、遠い位置から隊全体を眺めたりしています。

たとえば、黒羊丘《こくようきゅう》で信と尾平《びへい》がテントの中で語り合うシーン（『キングダム』第44巻）。信の言葉を聞こうと多くの隊員たちがテントを囲んでいる中、松左は一人、信の発言のすべてを悟っているかのような表情で座っています。何気ないシーンですが、信と松左の関係性の深さが描かれているコマで、私は大好きです。

信と尾平が語り合う中、松左は聞くまでもないとばかりに離れたところに座っている。『キングダム』第44巻より。

この距離感こそ、松左のコミュニケーション力を表現しています。相手を深く観る視点がある人は、〝相手がいちばん心地よいと感じる距離感〟を見極められる。良好な人間関係は、距離感で決まるのです。

では、その距離感はどう見極めたら良いのか。ポイントは、二人でビジョンを共有することです。短期的なお付き合いでは、そこまで距離感を考える必要はありませんが、長期的に良好な関係を築きたい人とはともにビジョン（目的）を描くことが大切です。

よく、結婚後に夫婦仲が悪くなると言われているのは、「付き合う」「結婚する」「子どもを育てる」など、なんとなくあった目的が達成されていくにつれ、共有するビジョンがなくなってしまうからとも言えます。

目指すべき目標がなくなると、関係性は薄れていくものです。

ではどうすればよいのでしょうか。

二人でのビジョンを描く際には、是非、次のポイントを意識してみてください。

「二人の関わりで、誰に（チームに）どんな影響を与えられるようになりたいか？」

松左は、信に対して「こんな関係を築きたい」と漠然と考えていたのではなく、「二人（信と自分）が関わることで、飛信隊にどんな影響を与えていきたいのか？」まで考えて、距離感を決めていたように私は感じます。古参のメンバーにも関わらず、あえて引いたところにいて、隊長への信頼感をそれとなく隊員たちに示す。それが決して前列にはいない松左のポジショニングの理由なのです。

私もコーチ仲間たちのコミュニティでは、同じように信頼していても、あえて仲良くする人と少し距離を取る人がいます。それは、二人の関係がコミュニティに与えるベストな影響を考えてのことです。

この本を作るチームに対しても、私は「この本を出版すること」を目的とせず、「『キングダム』をもっとたくさんの人たちに伝えていく仲間になること」を目的としたため、遠慮なく思ったことを伝え合うようにしました。

「距離感」は、相手を観て判断するのが難しい場合もありますので、ぜひこの視点も参考にしてみてください。

距離感の達人である松左は、朱海平原の戦いで、命を落としてしまいます。

しかし、その最期は見事でした。致命傷を負いながら、死ぬ間際まで「信、頑張れ」と応援し、信が戦っている前線へ向かう松左。

それまで信頼関係があったがゆえに少し離れたところから信を見守っていた松左が、自らの死期を悟ったそのとき、初めて仲間たちに頼み、信のそばへ近づこうと歩み出します。誰よりも早く、大将軍になるという夢を信じ、見守り、応援してきた信と固く抱き合い、胸の中で息を引き取った松左の最期は、涙なくして読めない名シーンです。

思ったことをすぐ口にするな

松左と同じく飛信隊の生え抜き隊員で、信とは幼馴染の尾到《びとう》の死にもまた、信への信頼や尾到本人の成長ぶりが表現されていました。

「武神」を自称する趙国三大天の一人・龐煖《ほうけん》に深手を負わされながら、信を背負って追っ手から逃れ、森で二人並んで横になるシーン。

意識を失ったままの信を眺めながら、尾到が思い出していたのは幼少期の光景です。幼いころから「天下の大将軍になる」と豪語していた信を、尾到と兄の尾平はからかっていました。しかし、このときの尾到は、信の夢が絵空事ではないと確信しています。信の意識が戻ると、尾到はその想いを口にします。

「…………だけどお前は龐煖《ほうけん》相手に生き残った。隊の皆が命をかけてお前を守ったからだ。命令でもないのに、命がけで…。これはふつうのことじゃねェ。ふつうの隊長にはできねェよ、信《しん》。だから思ったんだ。信は本当に、将軍になれるってな」（『キングダム』第14巻）

この後、さらに尾到の言葉は未来を見据えた視点を帯びます。

「俺は…お前の友達《ダチ》で、本当によかったと思う。（略）お前といっしょにいると、ずっとワクワ

クしっぱなしだった。（略）**これからも、お前はそうやって、大勢の仲間の思いを乗せて天下の大将軍にかけ上がるんだ」**（同書）

尾到が「別れ」を告げていると感じた信が動揺していると、「なんつってな」と、場をなごます尾到。

これが信と尾到の最後の会話になりました。尾到は自分の命が消えようとしていることを、悟っていたに違いありません。それでも信にエールを送り、なおかつ自分が死に瀕していることを信に気づかせないよう、信が心を休めるように気を遣い、冗談まで口にする。尾到の信への気持ちとその人間性の深さに心打たれるシーンです。

一方、信も本当は尾到の死が間近に迫っていたことを感じていたようにも思います。両者がそれを口にしなかったのは、**深いところで心が通い合い、お互いを気遣っていたからこそ。このシーンに注目していただくと、二人のセリフで効果的に「…」が使われていることに気づきます。相手への「愛」と「思いやり」が、思わず言葉を言い淀んだこの「…」に込められているのだと、私は解釈しています。**「…」は心が通じ合った人間同士の、美しい沈黙の対話。そう捉えてこのシーンを読み直すと、なんて奥の深い言葉のやりとりなのだろうと驚かされます。

『キングダム』に登場するコミュニケーション力の高い人物の心中には、多くの言葉が渦巻いています。それをあえて語らず、察し、呑み込んだことを表すために「…」が使われている、と私は思っています。

『キングダム』の担当編集者さんにそう伝えると、原泰久先生は「…」で表現される吹き出しの間《ま》にも神経を注がれている、と教えてくれました。やはり「…」には、内に秘めた想いが込められているのです。

「…」で表現された心情の美しさまで味わえる作品が他にあるでしょうか。

逆説的ですが、沈黙はコミュニケーションで最も大切なことの一つと言えるでしょう。**思ったことをすぐ口にしてしまう人で、多くの人に応援されている人を私は知りません。**人間関係を壊す原因のほとんどが言わなくていいことを口にすることです。それは視点が自分一つしかない証拠。「相手の視点」に立つことができていないのです。『キングダム』の「…」には相手を慮《おもんぱか》ったコミュニケーションの美しさが表現されているのです。

瀕死の重傷を負いながらも信を守り抜いた尾到は、逃げ込んだ山中で信の大将軍になるという夢を応援した。『キングダム』第14巻より。

「応援される人」は、思ったことをすぐには言いません。そして、コミュニケーション力の高い人は、だいたい二五秒以内に発言をおさめ、相手の反応を確かめる方が多いです。

人は二五秒以上、他人の話を聞けず、それ以上話されると他のことを考える傾向があります。マイクロソフト社のレポート（二〇一五年）によると、現代人が集中できる時間は、たった八秒。八秒はさすがに難しいですが、相手が集中できる時間内に想いを伝えるコミュニケーション力は、誰もが身につけたいものです。

仲間に本音を言わせるには

直属の飛信隊だけでなく、信が周囲の人々から一目置かれている要素に、「正直さ」があります。信の性格を一言で言うならば「正直な人」。この「正直さ」もコミュニケーションには非常に重要な要素です。

「正」にも「直」にも「真っすぐ」の意味があります。漢字を調べると、「かたよらない、真っすぐなさま」（正）、「真っすぐなさま」（直）と記してありました。まさに、自分の夢に真っすぐ向かって進み続けることが多くの人に応援されるポイントであり、信の生き方なのです。

信の正直さが最もよく表れているのは、信のライバルとも言える王賁が率いる玉鳳隊《ぎょくほうたい》と飛信隊が初めて顔を合わせたシーンでしょう。

強さ、煌びやかさ、血筋の良さと三拍子揃った玉鳳隊員に屈辱的な言葉を浴びせられ、大半の飛信隊員が意気消沈している場面で、最も若い昂《こう》がつぶやきます。

「あーあ。でも、かっこよかったなー王賁《おうほん》隊って」（『キングダム』第17巻）

これを聞いた尾平はライバル隊を褒めた昂を怒鳴りつけますが、信は尾平を止めてこう言いました。

「別にいいじゃねェか、正直に思ってること言って。たしかに奴らの姿はキラキラしてかっこよかったぜ」（同書）

次いで、信は昂に語りかけます。

「あいつらみてェになりてェか？　でっけェ武功をあげまくりゃ、なれるぞ。お前も、士族《しぞく》に！」（同書）

主に農民出身者で構成された飛信隊を小馬鹿にしたエリート集団のライバルを「かっこいい」と感じた若い隊員に対して、信は怒りもせず、かえって励ましたのです。

この言葉は一見昂に向けて発しているようで、信は隊員全員に伝えているのだと思います。その場で聞いていた隊員たちは、信の前では自分の気持ちを正直に話しても咎められないことを知ったはずです。

緊張と恐怖に支配される戦場にあって、一兵卒であっても遠慮なく正直に本音を話せるリーダーのもとにいるということに、飛信隊の隊員たちは安堵感を覚えたと想像できます。

さらに信は、自分たちの弱さを認める発言をするのです。

「とどのつまり、俺達は奴らに気圧《けお》されて、下向いちまっただけだ。（略）今度はこっちの番

王賁率いる玉鳳隊との邂逅後の会話。士族出身で豪華な甲冑に身を包んでいた玉鳳隊に対する昂の素直な感想を信は咎めなかった。『キングダム』第17巻より。

だ！　やられた分、きっちりやり返すぞてめェら!!」（同書）

若い隊員の発言を擁護し、隊員全体を安堵させたうえで、檄を飛ばして締める。こんなリーダーがいれば、組織の団結力は否が応でも高まり、メンバーも急速に育っていくでしょう。

昂のその後の姿にもぜひ注目してください。

王賁の玉鳳隊を「かっこいい」と言った昂は、武功をあげまくれば士族になれると信に言われた時点では、半信半疑の表情を浮かべていました。

その日から二年後、趙の李牧《りぼく》軍から蕞《さい》を死守する戦いで、ぐっと逞しく育った昂の姿が確認できます。

劣勢が続く戦いのさなか、「奇跡って信じるか？」と信に問われて、「信じる！」と即答した昂の眼光の鋭さ。モノクロの紙面なのに、私にはその瞳がキラリと光ったように見えました。

真正直な人の近くで過ごしていると、自分もまた真っすぐに仲間を信じて成長していける……そんな大事なメッセージが、このシーンには含まれていると思います。

漢が漢に惚れるとき

大きな戦では大小様々な隊が組み合わされるため、飛信隊の団結力や居心地の良さそうな雰囲気は、別の隊に属する兵士たちにも知られていきます。隊のリーダーが斃《たお》れると隊員は別の隊に配属されますが、その際、飛信隊への入隊を希望する兵も出てきました。

麃《ひょう》公《こう》将軍に仕えていた千人将・岳雷《がくらい》もその一人です。主を亡くした後、麃公兵の大半は麃公将軍の領土へ戻りましたが、岳雷は五〇〇人の兵士を連れて飛信隊に加わりました。

このとき、飛信隊の人員は三〇〇〇人。元・乳《かく》備《び》将軍の配下だった楚水《そすい》が、飛信隊の副長として信を支えていました。

楚水は新参の岳雷に尋ねます。

「**岳雷殿《がくらい》はなぜ飛信隊《ひしんたい》へ?**」（『キングダム』第33巻）

しばしの沈黙ののち、「分からぬ」と答えた岳雷。なおも沈黙を重ねた後、信に向き直って言うのです。

「将軍はお前と話す時、妙に嬉しそうだった。将軍に子がなかったせいもあるかも知れぬが…。ただ…あんな将軍の顔は長く見たことがなかった。……つまり、ここに入ったことに…そんなに大した理由はない…」（同書）

岳雷はこの時点では信をまだつかみかね、観察しているだけですが、飛信隊でたった半日過ごしただけで、表情が一変します。信と楽しそうに語り合う隊員たち、村人たちにも惜しみなく食事を分け、明るく隊員たちを統率していく信……。彼らの様子を目で追う岳雷は無口でしたが、「……」の部分に、信を徐々に認めていく心情が表れているように私には思えました。

入隊から半日経った夜、岳雷は、かたわらの楚水にこう言います。

「大体こんなものだ。台頭してゆく漢《おとこ》や隊というものは」（同書）

合従軍との戦いで麃公将軍が戦死した後、元麃公兵である岳雷たちは正式に飛信隊に加わった。『キングダム』第33巻より。

大将軍・麃公のもとで千人将を務めた岳雷が、歳若い信を自分の新リーダーとして受け入れた瞬間です。仏頂面の岳雷の顔に、ほのかな喜びを垣間見た気がしました。「漢が漢に素直に惚れていく」私の大好きなシーンです。

岳雷の「大体こんなものだ」という言葉を受けて、楚水は「そうですな、たしかに」と答えます。多くは語らず、それでいてしっかりと岳雷に肯定の意を伝える楚水。この場面で、私は二人の器の大きさを感じました。

『キングダム』には、「漢が漢に惚れる」エピソードが随所に見られます。どのシーンも、人物の心の声までしっかりと読みとれるよう丁寧に表現されているので、強く印象に残るのです。

さて、「なぜ飛信隊へ?」と問われた場面で、岳雷はこんなことも語っていました。

「麃公兵はけっこう信《しん》を嫌っている。ただの嫉妬《しっと》だ」（同書）

麃公将軍が信と楽しそうに語らう姿に、麃公の兵たちが嫉妬したと言うのです。岳雷の発言は本質を突いています。次の項では、この「嫉妬」について見ていきましょう。

ライバルは褒めて味方にしろ

人が人を嫌う理由の九割は嫉妬と言われます。嫉妬心は男女ともにあります。その多くは、自分に似ている人に対して起こります。性格や携わる仕事、組織での立場が似ている相手に対し、どうも自分より優れている、あるいは人に好かれているような気がする……。

特に男性は、嫉妬心を対抗心に変えやすい。嫉妬が理由で相手の欠点を指摘したり、陰で批判や悪口を言うようになるケースを、いくどとなく目撃してきました。

では麃公兵の半分は、なぜ信に嫉妬したのか。岳雷の言葉からは、麃公将軍が信を気に入っていたため、将軍を敬愛する麃公軍兵士が信にヤキモチを焼いていたことがわかります。しかし、その他にも理由があるのではないでしょうか。

麃公は六大将軍には選ばれなかったものの、秦王・嬴政の曾祖父に当たる昭王も認めた猛将ですから、仕える兵たちも高いプライドに支えられていたと思います。

そのため麃公を失った後、戦歴も浅く、身分も低く、歳若い信のもとへ行くことなど、プライドが許さなかったのでしょう。

嫉妬心ですべてを失う人もいれば、逆に新たな可能性に出会う人もいます。岳雷たち麃公兵の半分は、「素直」さで嫉妬に勝ち、次なる主のもとで戦い、さらに成長して輝く可能性を手にしたのです。

岳雷には、信を気に入っていた麃公将軍に「冥土の土産話」をたくさん届けたいという想いもあったかもしれません。大事な人を亡くしたら、次はその人が大事にしていた人のために精一杯働こう、とも思ったのではないでしょうか。

正直さとは人の強さであり、人と人をつなぐ心の手であり、自分や自分を大切にしてくれる人への敬意です。信と岳雷のシーンは、そのことを端的に物語っている気がします。

嫉妬心は、自分にとって特別な人ができると生まれます。嫉妬心の中には、「自分もあの人のようでありたい」、あるいは「あの人物より優れた自分でありたい」という気持ちが含まれています。

それを自覚できたら、その感情をうまく利用すればいいのです。自分に似た相手が自分より優れていると感じたら「追いつき追い越せ」の関係を築ければいい。

嫉妬心がまったくないと〝成長意欲〟にも限界が来ます。

自問自答して「自分の理想像」を探すセルフコーチングより、当面の目標にすべき人物が目の前にいるほうが、むしろ簡単です。**嫉妬の対象だと思っていた人は、視点を変えれば「自分の心に火をつけてくれた恩人」なのです。**

視点を変えるだけで、醜い嫉妬心も向上心に変わります。激しい嫉妬心を感じたら、成長のよいチャンス。「**ライバルは褒めて味方にしろ**」です。

それは「信念」か？　それとも「決めつけ」か？

信の正直さは自らの「信念」に裏打ちされています。信念とはよく見聞きする言葉ですが、これが案外、意味を問われると難しいのです。

もしあなたが、小学生に「信念って何？」と質問されたらどう答えますか？　企業での講演会で、私は頻繁にこの質問をしています。

多くの方は、こんな回答をします。

「信念とは、信じて、疑わず、守っていくもの」

決して間違っていません。小学校の国語の試験なら、赤丸がもらえると思います。しかし、この回答では、「信念の定義」としてはあいまいで、信念を力として生きるには不十分であり、本質的なことが欠けていると思えるのです。

これまで様々な立場の人に「信念」を語っていただいたところ、以下のようなものがありました。

「私はこうであるべきだ」

「母親はこうあるべきだと思う」

「リーダーはこうでなければならない」

確かに皆さん、自分自身の基準で守るべきものをもち、実践しているようです。しかし、これが真の意味での「信念」と言えるかどうか。失礼を承知で言えば、これまでの出会いの中で、自分の「決めつけ」を「信念」と思い込んでいる方を、相当数お見かけしました。

ゆるぎない信念のもち主はコミュニケーション力が高く、周囲から尊敬のまなざしを向けられますが、**自分流の決めつけはコミュニケーション力の低下を招きます。**

「信念」と「決めつけ」の違いを、どう考えますか？

これは、企業でマネジメント研修をするときに必ずする質問です。残念ながら、これまでの一〇年間で、自分で納得できる答えを即座に見つけた人はいませんでした。

しかし、特別難しいことではありません。私なりに説明させてください。**信念には、その考えを持つことで、不快に思う人、傷つく人などがいるなど、マイナス面も多角的にわかったうえで、「こうだ」と堂々と言える覚悟の思いが込められています。**

片や、「決めつけ」にはそこまでの覚悟や決意が含まれていません。「こうである」、「こうでなくては意味がない」と決めつける人たちに、そう思った理由を聞くと、「恩師がそう言っていた」、「好きな作家の本に書いてあった」といった答えが目立ちます。

まとめると**「これを貫くためには何が起きても受け入れる」という覚悟で決めたものが信念、そこまで深く考えずに選んだものが「決めつけ」**。そう覚えておいてください。

信の発言で、見てみましょう。先にもあげた第44巻で交わされる信と尾平の会話シーン。ここは「信念」という概念を、物語の中でドラマティックに表現した、すごい場面です。

場所は趙国・黒羊丘《こくようきゅう》に築いた飛信隊本陣。信のテント内に、瀕死の状態で尾平が横たわっています。信をばかにした桓騎《かんき》兵に食ってかかったものの、返り討ちにあい、大怪我を負ったのです。

かたわらにつき添っていた信は、尾平の意識が戻ると、子どものころから漂と夢見てきた「天下の大将軍」について、神妙な表情で話し始めます。

自分が目指す大将軍とは、多くの将軍が常識のように許している「戦場での略奪」などしない将軍であること。しかし、その夢の実現へと愚直に向かっているために、自分だけでなく飛信隊まで小ばかにされていることを尾平に詫びるのです。

「ガキみてェなこと言ってるのは、十分、分かってる。それでお前達まで青臭《あおくせ》ェってバカにさ

れてるのも、色々我慢させちまってるのも、分かってる。でも、そこは譲りたくない。ガキ二人で胸高鳴らせた、誰より強くてかっこいい、天下の大将軍に…、俺は本気で、そういう将軍になりたいと思ってる。そして、飛信隊《ひしんたい》もそういう隊でありたいと思ってる。悪いな、俺のわがままに、皆つき合わせちまって」（『キングダム』第44巻）

自らの信念を貫くことで、自分と共に戦う隊員たちも不利益を被《こうむ》ることを信はきちんと理解し、それを覚悟した上でチームを率いているというリーダーの理想の姿が、このシーンにはすべて描かれています。これほど熱く美しく、そしてわかりやすく「信念」について言及された物語の場面を私は知りません。この姿勢こそ、信という人間の大きさを最も強く表していると思います。

信の信念については、もう一カ所これまた「凄い」シーンがありますが、それは第三章で紹介します。

敵地で略奪を行う桓騎軍ともめた飛信隊。信は非道を嫌う心中を尾平に語った。『キングダム』第44巻より。

「また会いたい」と思われる目

尾平に自らの信念を語ったとき、信は五千人将に昇格していました。秦国の兵士になってから八年。顔つきも体つきも逞しさを増していますが、精神面の成長も著しいかぎりです。人の言葉に耳を傾けるときの信の目に注目すれば、そのことがよくわかります。

「聞く」と「聴く」の違いは「意識」です。「聞く」は、外の音や人の声が自然に耳に入ってくる現象ですが、「聴く」には「心の声」に耳を傾けることも含まれます。言葉の裏側にある「感情」も意識できるのが「聴く」です。

信は、仲間だけでなく、敵対している人の「心の声」もしっかり「聴いて」います。「聴く力」は、コミュニケーション力において必要不可欠な要素です。

あの人は私の話を熱心に「聴いて」くれた。そう感じるときのポイントは「目」です。共感の言葉やうなずきも大事な要素ですが、「目」が肝心なのです。

自分が大事な話をしているとき、相手の目が曇っていたら、「聴いてもらった！」とは実感できないでしょう。真っすぐこちらに向けてくれる「澄んだ目」にこそ、人は安堵感を覚えるのです。

目が曇る要因の多くは「決めつけ」にあります。「〜であるべき」という「固定観念」が多々あると、人は相手の話を自然と〝ジャッジ〟してしまいます。

「また会いたい！」

人にそう思わせる人は、「**ジャッジしない澄んだ目で、聴いてくれた人**」なのです。**このことから、コミュニケーション力はスキルだけでは根本的には高められないということがわかると思います。**

「決めつけ」で生活を送っている人は、他人に対しても自分のもの差しで測り、「良い・悪い」とジャッジすることが多くなります。

信念で生きている信は、人を比べたり、優劣をつけることがなく、安易に他人をジャッジしません。

「大将軍になる」という意志で他国兵と戦闘を繰り広げてはいますが、信は彼らを「敵」とも「悪人」ともみなしていないように思います。いつだって、とにかく真っすぐでぶれない信の目から、そう感じるのです。

ジャッジしない思考力

信の「聴く力」の例をあげます。かつて秦と趙のあいだで繰り広げられた「長平《ちょうへい》の戦い」で父と兄を失った万極《まんごく》が、時を経て信と対峙するシーン。

長平の戦いは史実にも有名な戦で、秦の将軍が捕虜にした四〇万人もの趙兵を生き埋めにしたと歴史書に記されています。

万極軍には、長平の戦いの遺族が多く参加しています。秦国に極度の恨みを持つ特異な軍団は、行軍の先々で兵士のみならず子どもも含む秦の住人を虐殺してきました。

信は万極の壮絶な過去を聴き、河了貂《かりょうてん》たちに言うのです。

「こいつが善だろうと悪だろうと、味方を殺《や》ろうって奴は許さねェ。だけど、こいつに同情の余地がなくはねェ。（略）**一歩間違えりゃ、俺らだってそうなってたかもしんねェし」**（『キング

ダム』第27巻）

万極同様、戦争で親を亡くした信は、自分も一歩間違えば万極のように復讐に生きていたかもしれない、と万極の話をしっかりと聴き、考えていることがわかります。秦国を蹂躙してきた仇敵を相手にしてもなお、その言葉に耳を傾けているのです。

「てめェの痛みは、しょってってやる。だからお前は、もう、楽《らく》になりやがれ!!」（同書）

信が振り下ろした刃で万極は倒れますが、信は意識が薄れゆく万極に近寄り、身体に手を置いて語りかけます。

「眠る前に聞け、万極《まんごく》…（略）俺は長平《ちょうへい》みてェなことは絶対に、やらねェし！　絶対、やらせねェ!!」（同書）

最後の力を振り絞って、万極は信に答えます。

秦国に対して憎悪を抱く万極軍に対峙した信は、状況が異なれば、自分たちも万極たちのようになっていた可能性もあると語った。『キングダム』第27巻より。

「……お、俺も怨念となって…み、見ているぞ。お、お前達のなそうとすること…を。地の底で…ずっと…見ているぞ…」（同書）

万極は、無駄な血は流さないと誓ってくれた信の心に打たれて、静かに息を引きとれたのだと思います。

万極が倒れた瞬間、飛信隊の隊員たちは歓喜の声を上げますが、万極に手を差し伸べて語りかける信を見て驚愕し、その言葉を聴いて静まり返ります。信の優しさと信念は、こうして自然と隊員たちにも浸透していくのです。

信の強さの理由は、信念だけではありません。自分を、味方を、敵を、正義か悪かでジャッジしない。だから、信は強いのです。

「ジャッジしない」という点では、信よりも徹底している人物が『キングダム』にはいます。総合的なコミュニケーション力も、信よりさらに上です。

飛信隊を中心に、信のコミュニケーションは全方位を網羅していますが、その人物のコミュニケーションは、おもに自分の主《あるじ》に向けられています。

明るく真っすぐな信のコミュニケーションがわかりやすいのに対し、その人物のコミュニケーションは少々ひねりが利いて、わかりにくい面があるかもしれません。しかし、これが大人のコミュニケーションだと、私は思っています。

その人物とは、騰《とう》です。秦国の大将軍・王騎を副将として支えた、あのジョーク好きな騰です。実は、『キングダム』の中で、最もコミュニケーション能力が高い、と私が考えるのも、騰なのです。

騰のコミュニケーション力が、どう優れているのか。次章でたっぷり説明します。

第二章

高い自己認識力がもたらす
ワンランク上のコミュニケーション

第二章で新たに登場する人物

秦

騰《とう》
王騎軍の副将。
王騎の死後、全軍を受け継ぐ。

那貴《なき》
元桓騎軍の千人将。
黒羊丘の戦い後、飛信隊へ。

録鳴未《ろくおみ》
元王騎軍の第一軍長。
熱血漢の豪将。

隆国《りゅうこく》
元王騎軍の第二軍長。
騰が王騎軍を継ぐ証人となる。

呂不韋《りょふい》
商人から成り上がった秦の相国。
嬴政の政敵。

趙

藺相如《りんしょうじょ》
趙軍旧三大天の一人。
知略に優れるも、病に倒れる。

趙峩龍《ちょうがりゅう》
趙国旧三大天・藺相如の
側近だった知将。

楚

臨武君《りんぶくん》
楚国の将軍。
「函谷関の戦い」で騰に討たれる。

項翼《こうよく》
信と同年代の楚の千人将。
「雷轟」の異名を持つ。

コーチングの世界には、「オートクライン」という言葉があります。もともと生物学の用語で、ある細胞から分泌された物質が、同じ細胞に作用を及ぼす、という意味です。

コーチングにおいては、クライアントが人に話した声を自分で聴き、自ら考え、自己検証していくことをオートクラインと言います。へたなコーチやコーチングのスキルだけ学んだマネジャーは「質問」ばかりしますが、コーチングの基本は、相手に自分の声を聴かせることにあります。

コーチがオートクラインを促す役目をするのです。優れたコーチは自分の意見も感想もアドバイスもはさまずにオートクラインを促すことができますが、これは非常に高度な技術。経験が浅いうちは、自分の存在価値を証明したいので、なかなかできません。私も初めのうちは、ついよけいなことを口にしていました。

『キングダム』には、このオートクラインを簡単に、飄々とやってのける人物がいます。王騎《おうき》将軍の副将・騰《とう》です。私が騰を『キングダム』の中で「最高のコーチ」と考えるのは、これが理由なのです。

最高のコーチとなるためには、自分自身を深く知る「**自己認識力**」が必要ですが、騰は自己認識力の権化とも言えます。他に自己認識力が高いのは、趙国の新旧三大天である、藺相如《りんしょうじょ》と李牧《りぼく》です。

この章では、騰、藺相如、李牧、加えて桓騎《かんき》隊から飛信隊へ移った那貴《なき》を通して、ワンランク上のコミュニケーションを学びます。

ジャッジをせずに話を聞く

『キングダム』の登場人物の中で、私が「最強のコーチ」、「最高のコミュニケーションの達人」として尊敬しているのが、王騎将軍の副将、騰です。

ここで、多くの読者の脳裏に「!?」が浮かんだかもしれません。感情を出さず、どこかとぼけた味を持つ騰と、「最強のコーチ」という呼び名は、あまりにもかけ離れている。そう思う方は少なくない、と想像できます。

しかし、『キングダム』の中で騰と王騎が一緒に登場している場面を今一度見直してみれば、この両者が絶妙なコンビネーションを見せてくれることに気づくと思います。その「絶妙」さを生み出しているのが、騰のコミュニケーション力なのです。

王騎将軍は強烈な個性の持ち主で、武力も人間としてのスケールも尋常ではありません。会う者を圧倒する威厳を見せたかと思うと、真面目な顔でジョークを飛ばしたり、突然女性のような口調になったりと、真意を読み解くのが難しい一面があります。

少年時代から鋭い勘をもち、物事に動じなかった信《しん》でさえ、初めて王騎に出会ったとき、オーラの大きさに圧倒されてたじろいだほどです。

そんな王騎のすべてを理解し、さり気なく、しかし見事にコーチの役割まで果たせる人物が騰なのです。初対面の信と言葉を交わす王騎を観ていた騰は、信が去った後、王騎将軍にこう語りかけていました。

「随分《ずいぶん》と、あの少年を気に入られましたな、殿《との》」（『キングダム』第7巻）

王騎将軍と信の初対面シーンは、多くの兵士たちに見守られていましたが、このとき王騎の心を理解していたのは騰だけだったと思います。

王騎軍の中にあって、騰はNo．2というポジションで、常に王騎のかたわらに控えています。組織におけるNo．2の役割は、コーチとよく似ているのです。有能なコーチがクライアントを進化させるように、組織のトップを進化させるのが理想的なNo．2と言えます。

騰は王騎将軍の話をそばで聴くことに徹し、ジャッジをしたり、自分の意見を言うことはほとんどありません。

「ねェ、騰？」と王騎に問われるたびに、「ハ！」と答える騰ですが、この何気ないやりとりの繰り返しこそが、立派なコーチングになっているのです。これがコーチングにおけるオートクラインに当たるのです。つまり騰は、自分が敬愛するリーダーが自問自答しながら最高の結論に達するのを、「ハ！」で促しているわけです。

「ねェ、騰？」

「ハ！」

たびたび交わされる王騎将軍と騰の、このやりとり。単純に聞こえるかもしれませんが、実は、これはコミュニケーションの極致。非常に高度で、心理的に深いやりとりなのです。

王騎の側に立ってみましょう。「ねェ、騰？」と話しかけるとき、王騎は決して騰の意見を聞こうとしているのではありません。自問自答をするなかで、自分の声を自分で聴いて確認したいときに、「ねェ、騰？」と言っているのです。

騰も、自然とそれを承知して「ハ！」と返しています。へたなNo．2なら、ここで自分の意見を主張しがちです。しかし、No．1が求めているのは、ジャッジせずに話を聴いてくれる人。それができる人ほど優秀なNo．2であり、コミュニケーション力が高い人物と言えるのです。

何万もの兵士の命を預かる組織の頂点に立っている王騎は、ある意味非常に孤独だと思います。そんな王騎にとって、常にかたわらで自分の話をジャッジすることなく聴いてくれる騰はかけ替えのない存在です。有能なNo．2には、トップを孤独に感じさせない役割もあります。

しかし、そのNo．2が、ただの「イエスマン」では何にもなりません。自分に自信がない人が組織のトップに立つと、得てして何でも言うことを聞いてくれるイエスマンをそばに置きたがりますが、これでは組織の発展は望めないのです。

では、王騎将軍の副将・騰は単なるイエスマンなのか。それがわかるのは、王弟・成蟜《せいきょう》の反乱を鎮圧しようと王宮入りした信たちの動きを、王騎軍が見守っているシーンです。

王騎将軍から、

「あなた、〝右龍《うりゅう》〟へ行って様子を見てらっしゃい」（『キングダム』第4巻）

との命を受けた騰は、「オーイ、誰か右龍に……」と別の人間に任せようとして、王騎にたしなめられます。

その後しばらくして王騎が騰を捜すと、命じられた場所には行かず、まだ自分のそばにいました。

「………あなた右龍《うりゅう》に行ったのでは？」（同書）

と王騎が尋ねると、

「ハ！　今から向かおうかと」（同書）

と答える騰。いくら信頼する王騎の命令でも、意に添わぬことは無視し、それをとがめられてもとぼけた調子でシレッと答えるのです。

騰は初登場シーンにして、決してイエスマンタイプではなく、自分の意思をしっかり持っているキャラクターだと示しています。ただし、言葉で王騎に反発するわけではありません。騰は自らの行為でそれとなく自分の気持ちを伝え、王騎はその態度を怒りもせず、むしろ笑いを浮かべて許しています。騰の意を汲みとっているのです。

このやりとりこそ、信頼関係の証。その結果、次に同じような局面を迎えたとき、騰の意を知り得ている王騎には、取るべき選択肢が一つ増えているのではないでしょうか。

一連のこのやりとりだけで、王騎将軍と騰が信頼し合い、心が通じ合っている将軍と副将であることがわかります。しかもここは読者に強烈な印象を残すシーンであると同時に、王騎と

王都・咸陽を奪還すべく、信と嬴政らが王弟・成蟜軍と戦っている中、大将軍・王騎は副将である騰とともに、その行く末を見守っていた。『キングダム』第4巻より。

騰が今後『キングダム』でキーパーソンになっていくことを予感させるシーンでもあります。

物語序盤では、騰はとぼけた面が強調され、非常にコミュニケーション力の高い人物であるとは、まったく匂わせません。これも、この作品の巧みなところです。

一般に「コミュニケーション力の極めて高い人」、あるいは「最強のコーチと言われる人」をイメージするとしたら、言葉に力をもち、影響力に溢れたリーダータイプを思い浮かべるかもしれません。

しかし、これまで私が出会ってきたコミュニケーション力が極めて高い人や、コーチとして抜群の能力を持っている人は、例外なく「人への影響力を発揮しようとしない人」です。コミュニケーション力が高い人ほど、自ら人に影響を与えようとせず、自分のための会話を極力しないのです。

「結果がすべて」ではなく「つづく結果がすべて」

さて、王騎と騰を題材にして、No.1とNo.2の関係性についてもう少し考えてみましょう。私が接してきた「優れたNo.1」のかたわらには、ほぼ例外なく「有能なNo.2」が控えていました。組織を良い方向に導く人物は、自分をより高めてくれる人物をNo.2に抜擢しているのです。

組織の代表としてもてはやされるのは基本的にトップであり、No.2にスポットライトが当たる機会はそれほどありません。しかし、第一線で活躍する人たちは、No.1を陰で支え続けるNo.2の働きに着目し、そこに美学を感じています。

その証拠に、これまで出会った企業のトップたちに、『キングダム』でいちばん好きな人物を尋ねると、圧倒的に人気が高いのが騰なのです。企業のトップたちは、傑出したリーダーである王騎を支え続けている騰の非凡さや、王騎将軍にとってのNo.2は騰以外ありえないことも、見抜いているのです。

「騰のようなNo.2が欲しい」

はっきりとこう語ったトップの方も何人かいました。重責を担う立場の人にとって、騰はやはり「理想のNo.2」に映るのでしょう。

「圧倒的な結果」を出す人は多くいますが、「つづく結果」を出す人のかたわらには必ず有能なNo.2かコーチの存在があります。

優れたNo.2を持つ条件はいくつかあると思いますが、大切なのはNo.1自身も飛び抜けた資質のもち主で、人を観る目があること。そうでなければ、いくらNo.2が優れていても、その能力に気づけません。自身を高める自問自答を促すきっかけをNo.2がつくってくれても、進歩のないままになってしまいます。

王騎もかつて、「この人のために！」と心酔した人物に出会っていました。やがて秦の始皇帝となる嬴政《えいせい》の曾祖父で、他国から「戦神《いくさがみ》」と恐れられていた昭王です。王騎は六大将軍の一人として昭王に仕え、戦場を駆け巡っていました。

ゆえに王騎もまたNo.2の視点をもち、「この人のためにも戦いたい」と思えることの大切さとその価値を理解していたので、優れたNo．2を持つことができたのだと思います。

昭王と王騎、嬴政と王騎、王騎と騰、そして騰と若き秦将たち……人の夢、人の想いはこうして紡がれていきます。本当に美しい物語です。「想いを紡ぐ」に関しては、次章でまた改めて触れます。

愛しい人をジャッジしていないか

「愛する人がいるなら、その人のコーチになれ」

私はコーチングスクールの代表としてよくこう言っていますが、そのときにポイントとなるのは**「目線を一つに」**することです。言葉で説明すると簡単ですが、実際には案外高度なコミュニケーション力が必要となります。

たとえば相手が自分の子どもや恋人だった場合、特に難易度は高いと言えるでしょう。私は「マザーズコーチングスクール」という、母親を対象にしたコーチングスクールを運営していますが、ビジネスができる女性、コミュニケーション力が高い女性であっても、自分の子どものこととなると残念なコミュニケーションをしてしまう例をたくさん見てきました。

子どもの良きコーチになるためには、子どもを信頼すると決め、見守る時間が大切なのですが、「あの友達はよくない」、「宿題をやったの？」と、ジャッジや管理ばかりしてしまうケースが多いのです。

母親にとってみれば、これも子どもを愛するがゆえ。子どもの将来が心配だからつい口を出してしまうのでしょうが、「心」を「配」りすぎると「忙しい」人になってしまいます。忙しい、つまり漢字の作りのとおり「心」が「亡」くなった状態で子どもと接しているわけです。**これではかたわらに寄り添って一つの景色を観ているのではなく、子どもを自分の中に強引に取り入れてしまっているにすぎません。**今これを読んで「こういうやり方はよくない」と思った方でも、相手が大切であればあるほど、自分の子ども、あるいは結婚相手、恋人に対して、同じことをしてしまうかもしれません。

つい相手をジャッジしそうになったり、距離のとり方に迷ったときは、『キングダム』第26巻の200ページを開いて、王騎のかたわらにいる騰を観てください。

大事な人の横に位置し、同じ方向を観ながら進んでいる姿です。正面から向き合っているのではなく、横に並んでいるのです。向き合うのではなく、横並び。この「横並び」の姿こそ、コミュニケーションの大切なポイント。**相対して目を見つめ合うより、横に並び、同じ景色を観るほうが、人間関係は深まるのです。**

〝人の強さ〟とは何か

先ほど、騰は企業の経営者や組織のトップに人気があると書きましたが、今年『週刊ヤングジャンプ』で実施された『キングダム』キャラクター人気投票でも、堂々の7位に入っていました。

私の運営する「トラストコーチングスクール」の中ではもっと上位。特に女性からの人気だと「ベスト3」に入るほど高いのです。

とりわけ女性コーチたちをシビれさせたのは、秦国最大の関所・函谷関《かんこくかん》で、合従軍と戦った

函谷関での戦いで楚軍を相手取って戦う騰。楚将・臨武君に対して、王騎軍の副将として戦場を駆け抜けた自負を語った。『キングダム』第26巻より。

ときのセリフです。

副将として仕えた王騎の死後、その軍勢を引き継いで将軍となった騰は、函谷関で楚《そ》将・臨《りん》武君《ぶくん》に一騎討ちを仕掛けます。臨武君は騰を甘く見ていましたが、追い詰められたのは自分のほう。そこで臨武君は、思わず問います。

「…き…貴様は一体、ゴフッ、何者だ！」（『キングダム』第26巻）

騰の答えがこれです。

「天下の大将軍だ！」（同書）

ジョークではありません。場面はまさに命をかけた敵将との一騎討ち。その場で堂々と、真顔で名乗った「天下の大将軍だ！」は、騰の本心以外の何ものでもないのです。

突出した知力と武力を併せ持つ王騎将軍と長年ともに戦場で過ごし、裏も表もすべて知り尽くした騰は、もはや王騎将軍と一体化しています。王騎将軍の副将という大役を十二分にこなしていた騰は、いざとなればいつでもNo.1になれる実力と覚悟を蓄えていたのです。

王騎軍を譲り受けた騰がすぐさま目覚ましい活躍を見せることができたのは、常に王騎将軍と一つになり、**同じ景色を観ていたから**にほかなりません。

No.1とNo.2は、両者が入れ替わってもまったく問題が起きないほど目的を共有し、実力も伯仲していることが一つの理想像ですが、王騎将軍と副将・騰は、まさにその典型と言えます。

臨武君との対決シーンで、騰は「天下の大将軍だ！」の後にもシビれるセリフを残しました。まずは臨武君のセリフを再現しましょう。予想をはるかに超えた武力で挑んでくる騰に、焦りを覚えた臨武君は、思わずこうつぶやきます。

「バカな…なぜ俺の力が通じぬ。身をさらし、難敵とぶつかり合い、叩き上げられた俺の力が、たかが王騎《おうき》の傘の下で、戦ってきただけの男に」（同書）

これを聞いた騰は、しばし沈黙した後、こう言うのです。

「その傘を支え続けることの凄さは考えぬのか。お前は、修羅場をくぐってきた己《おのれ》の力に絶対の自信があるのだろうが、私には、中華をまたにかけた大将軍、王騎《おうき》を傍《かたわ》らで支え続けた自負《じふ》がある」（同書）

このセリフのシーンで描かれるのが、本書97ページの王騎将軍と騰のカットです。ちなみに、ここでも騰が王騎のオートクラインを促している点も見逃せません。

王騎と馬を並べている騰は、王騎と同じ景色を観ています。**繰り返しになりますが、コーチングでも、大切なのは二人の立ち位置。向き合うのではなく、同じ方向の未来を観ることで、コミュニケーションが深まるのです。**

ともに戦いへと赴くとき、互いを尊敬し心を理解していれば、向かい合って顔の表情や目の輝きを確認する必要はありません。この絵は、そのことを物語っています。

また、ここの騰のセリフで特に私がシビれたのは、「その傘を支え続けることの凄さは〝考えぬのか〃」という部分です。「……凄さを〃わからぬのか〃」と言えば、臨武君がそのことを「考えた」けれど「わからなかった」という意味にとれますが、「考えぬのか」の場合は、「考えることすらお前はしていないだろう」という意味にとれます。騰は、〃考えること〃に重きを置いているのがわかります。

騰が言わんとしていることは、「人の強さとは何か？」。多くの視点で考えることができる人ほど、強いということではないでしょうか。

場の絶妙なバランスを保つコミュニケーション力

騰と臨武君の対決シーンでは、周りでそれを見つめる騰軍の録鳴未《ろくおみ》や隆国《りゅうこく》たちの反応も面白く描かれていました。特に熱血漢の録鳴未は、いい味を出しています。

騰が臨武君に「天下の大将軍だ！」と答えたとき、思わず「あんたは違うだろ」と優しくツッコんでいました。もし本当に「違う」と感じていたならば、録鳴未のツッコミはもっと厳しい調子になっていたでしょう。

臨武君に勝利した後の騰は、一瞬もち前のおとぼけキャラに戻り、臨武君に手向けの言葉を贈ります。

「あの世で、同金《どうきん》・鱗坊《りんぼう》・録鳴未《ろくおみ》と酒でも飲むがいい」（同書）

周囲の兵たちは、騰が臨武君を討った感動で雄たけびを上げています。が、その中で一人、自分を死人扱いされた録鳴未だけが「今、俺を入れたよな…」とブツブツ言っています。同金、鱗坊はこの戦いで命を落としましたが、録鳴未は深手を負いながら、騰の戦いを見つめていました。騰の言葉には、その録鳴未に対する労わりも含まれていたのかもしれません。

ともあれ、感動的なシーンに軽い笑いが差し込まれているのも『キングダム』の魅力です。特に王騎将軍、騰、録鳴未と、王騎軍の強者たちは、緊張のつづく場を和ませてくれます。圧倒的に優れたコミュニケーションのやりとりと、細やかな笑いで場の絶妙なバランスを取るキャラクターたちの面白さ。この作品が本当に奥深い所以《ゆえん》です。

王騎と騰のようなNo.1、No.2コンビを、ビジネスの現場で実現するのはなかなか難しいかもしれません。ビジネスの種類、そのときのプロジェクト、お互いの性格などを考慮しながら、最も有効的、かつ友好的な関係性を探っていけばいいと思います。

ただ、魅力的な人は誰かのNo.2となり、No.1をジャッジすることなく、同じ景色を観ながら一体化し、孤独にさせない力がある人だと言えます。そんな誰かのNo.2になるためにも「コミュニケーション力」を、スキルではなく、あり方、関係性から見直して高めていくことが、とても大切なのだと考えています。

No.2の経験なしに良きNo.1にはなれない

騰について、ここまで王騎将軍との関係で語ってきましたが、騰のまなざしは「中華の未来」にも向いています。

将軍として自らの軍を率いるようになると、信の飛信隊や王賁《おうほん》の玉鳳隊《ぎょくほうたい》を援軍として招集し、若き武将たちの成長も見守っているのです。

合従軍との戦いでは、楚の若き将・項翼《こうよく》が騰に「勝負」を挑んできましたが、騰は項翼を殺しませんでした。

窮地の中、自分の首を名指しで狙ってきた敵将なのに、殺さない。これは騰が中華全体の未来まで観ているからだと言えるでしょう。〝未来への視点〟については後ほど述べますが、騰はとにかく視点が多い人物です。


魏《ぎ》との戦いで武勲を上げ、ついに大将軍の地位に上り詰めた騰が、同じ魏戦の功績で四千人将から五千人将へ昇格した信と語り合うシーンがあります。

このときの論功行賞では、信以上に武功を上げた王賁が、四千人将から一気に将軍へ昇格すると誰もが思っていました。しかし、結果は信と同格の五千人将にとどまったのです。

それは王賁をより優れた将軍にするための、騰の配慮でした。そして信にもこう言うのです。


「五千はただの踏み段に非《あら》ず。ここでしっかり甘えを落とし、成果を上げよ」（『キングダム』第38巻）

自軍の兵士だけでなく、信や王賁といった次世代の将軍候補たちに対する騰の心配りが胸を打ちます。

世の中にはすぐ出世したがる人が多く、早く出世したことを称賛する風潮もありますが、「長期的な視点」で観ると、その人のためになっていないことがあります。立場は人を育てますが、段階的に立場を経験することがとても大切なのです。

謙虚さと大胆さを併せ持つ

騰についてはまだまだ書き足りない気持ちです。騰のコミュニケーション力を細かく説明していくと、それだけで本が一冊書けてしまいそうです。

現実のビジネスシーンや日常生活で騰から真っ先に学べるものがあるとしたら、それは**「謙虚さ」**です。

自ら大将軍級の実力がありながら、長らく王騎将軍のそばで副将を務め上げてきたことが何よりの証拠ですが、それは騰のセリフの端々に観ることができます。

前に述べたように、騰は臨武君に向かって「王騎を傍らで支え続けた〝自負がある〟」と言いますが、この言い方にこそ彼の謙虚さが表れています。

「自負」とは「自らの才能に自信や誇りを持っている」という意味で使う言葉ですが、〝自分では〟そう思っているという一歩引いたニュアンスがあり、謙譲語に近い表現です。「王騎を傍らで支え続けた、自信がある」と言うのとでは、印象に大きく開きがあることがおわかりでしょう。将軍同士の一騎討ちの際に飛び出した咄嗟の言葉にこそ、騰の姿勢は表れているように思います。そして、そんな普段は謙虚な騰が迷いなく口にするからこそ、「天下の大将軍だ！」は胸にこみ上げるものがあるのではないでしょうか。

現実には謙虚さが足りない人を案外多くみかけます。コーチとしての経験の中で私は時に尊大な人たちを目の当たりにしてきました。企業を発展させ、大金を得るにつれ態度が横柄になり、他人を見下す態度を無意識にとりはじめる人も少なくありません。

常に謙虚さを忘れないことは、他人とコミュニケーションを築く上で大切な要素です。逆に言えば、謙虚さを失ってしまった人と良好なコミュニケーションを築くことは難しいとも言えます。

コーチングの経験から、次のような方は、謙虚さに欠けている代表的な例です。**「自分の親や周囲の人の悪口を言う人」**、**「自分の前職を悪く言う人」**。

「人の悪口を言わない」ことは人として当然そうありたいものですが、ついつい自分を守るためにも言ってしまうもの。それを避けるために、視点を変えてみるのも一つの方法です。

その素敵な例を示してくれる人物がいます。黒羊丘《こくようきゅう》での趙国との戦闘時、桓騎軍と飛信隊の「隊員交換」で一時飛信隊に身を置き、その後自ら桓騎軍を抜けて飛信隊入りした那貴《なき》です。桓騎軍は元野盗の集まりで、戦争のたびに虐殺や強盗を繰り返しています。そんな桓騎軍から、那貴は飛信隊への転属を決意しました。

黒羊丘で勝利し、桓騎のもとに戻って飛信隊への異動希望を告げる那貴。その表情をじっと見つめていた桓騎に理由を問われ、那貴が言った言葉がこれです。

「ただの気まぐれですよ、いつもの。……そうっスね…ただ、まー強《し》いてあげるなら、飛信隊《あっち》で食う飯って、うまいんスよね、意外と」（『キングダム』第45巻）

趙との黒羊丘の戦いで一時的に飛信隊へ編入していた那貴。戦の後、正式に飛信隊に移りたいと桓騎へ願い出た。『キングダム』第45巻より。

周囲にいた桓騎軍の隊員たちは激怒しますが、桓騎だけは那貴の「心の声」を聴いているような目をしています。どうやら桓騎将軍には、奔放で残虐非道なだけではない、別の一面も多々あるようです。それについては第四章で改めて考えることにして、那貴の話を進めましょう。

那貴が桓騎軍に対してどのような感情を抱いていたのかはわかりませんが、彼は転籍後も以前のリーダーや仲間たちに対する悪口を決して言葉にしません。また、飛信隊よりも大きな軍から異動してきたにも関わらず、いつも謙虚な態度です。そこに那貴という人間の器、男らしさが醸し出されています。

「現在の自分」は、過去の積み重なりで存在しています。自分の過去を悪く思う人は、現在の自分に満ち足りなさを感じているのでしょうが、それを過去の環境や関わった人のせいにしていても一歩も前へ進めません。

過去の環境や人との関わりがどんなに不遇であっても、そこから何かしら学ぶことはできます。私自身の過去を振り返ってみると、馬の合わなかった上司、同僚たちとの関わり合いからスキルでは身につかない〝コミュニケーション力〟が磨かれたと思うのです。

高めた「自己認識力」は時空を超えた視点をもたらす

謙虚な人は、地上に立っている自分を高い場所から眺めるような「俯瞰の視点」を持っています。逆に言えば、離れた場所から観た自分の存在の小ささを認識するとき、人は謙虚になれるのです。

自分を過小評価する、卑下する、卑屈になる、という意味ではありません。自分は大きな世界、大勢の人の中の一員であり、世界や人とつながるためには自己中心的であってはならない、という思いに至ると、態度や言葉が控えめになってくる、という意味です。

10～11ページの図で、コミュニケーションのレベルが上がるごとにリーダーの位置が上昇していくのは、まさにそういうことなのです。

現実世界で自分の姿を外側から眺めることは不可能ですが、想像力を駆使して大空に舞い上がり、そこから第三者的な目で地上にいる自分を見下ろすイメージを思い浮かべてみてください。そのイメージの中で、あなたはどれぐらいの広さの世界を観ているでしょうか。

自分が観る世界の広さは、「どれだけの人とつながって生きているか」によって決まります。

ただの知り合いではなく、言葉を介して関わり合い、支え合い、応援し合っている人の数が多いほど、自分の世界は広がります。当然それを上から眺めようとすれば、より高い地点まで上ることになりますから、自分の姿はますます小さく映るはずです。

謙虚さとは、より大きく世界を観て、より小さく自分が観えるようになること。それが「自己認識力」です。

『キングダム』の主要な登場人物は揃って自己認識力が高いと言えますが、一人飛び抜けた自己認識力のもち主がいます。趙国の旧三大天の一人・藺相如《りんしょうじょ》です。

信や嬴政が活躍する『キングダム』の時代、藺相如はすでにこの世の人ではありませんでしたが、その弟子である趙将・趙峩龍《ちょうがりゅう》の回想シーンで登場します。

趙峩龍は秦軍に追われて逃げる途中、しばし森の中で立ち止まり、かつて仕えた藺相如との出来事を回想します。趙峩龍の脳裏に浮かぶのは、趙軍と秦軍が狭い川を挟んで対峙したときのこと。

一触即発の場面ですが、趙軍を束ねる藺相如は、なぜか対岸の王騎将軍に穏やかに話しかけました。

「中華はまだ、熟しきれていない…だが俺達がやっていることに、意味がないということではない。逆に俺達にも、重要な役割が」（『キングダム』第55巻）

「……お前も少しは分かっているはずだ。もう随分と前から、ずっと、中華はかの日が来るのを待っていると」（同書）

このとき藺相如が観ていたのは、趙や秦など七国が争っている「今」だけではなく、自分が死んだ後の「中華の未来」でした。

自己認識を究極まで高め、今ある世界を俯瞰で観ていくと、時間も空間も超えて、未来という時間軸からも自己を認識できてしまう……これは近年、巷で話題になっている「第七感」に通ずるものです。視覚、聴覚、嗅覚、味覚、触覚などの第五感を超えた、なんとなくビビッと感じる直感が第六感。第六感は基本、「今」に向けられているものですが、それに対して第七感は「未来」に向けられた直感で、最近では「ひらめき」とも呼ばれ、非常に注目されています。

藺相如は、この感覚を持っていた、と私は解釈しています。

趙の旧三大天・藺相如は、かつて王騎に対して中華の未来について語っていた。『キングダム』第55巻より。

間違いなく藺相如は、最高峰の「大将軍」レベル（「覚醒」レベル）6。極限まで高まった自己認識力により、「時空を超えた視点」まで持っています。王翦《おうせん》にも時間軸の視点がありましたが、藺相如の視点は、まさに「第六感」「第七感」に裏づけされた、より高レベルな視点なのです。前述の通り第六感や第七感も、自己認識力という見方でコミュニケーション力としても説明できるのです。

藺相如は、七国が鎬《しのぎ》を削っている「今」は中華統一のための前哨戦で、自分も王騎もいつの日か中華を統《す》べる人物にバトンをつなぐ役割を担っている、と考えていたのでしょう。王騎は立場上敵ではありますが、中華の未来へ想いをつなげていく「同志」と、藺相如の目には映っていたのだと思います。だからこそ、王騎に向かって「俺達」と言ったのです。

大将軍に威圧感はいらない

戦場で藺相如と相対したときの王騎はまだ若々しく、ギラついて見えました。しかし、藺相如の話を真剣に考えようとしていました。「中華の未来」は、王騎が当時仕え、敬愛していた

大将軍(覚醒)レベルの自己認識力

・P11の「将軍レベル」に時間軸の視点が加わっている。
・時空を超えて自分やチームが与えている影響を理解している状態。

蘭相如は、最高峰の「大将軍」レベル（「覚醒」レベル）❻。

極限まで高まった自己認識力により「時空を超えた視点」がある。
王翦の長期的な視点とは異なり、蘭相如の視点は「第六感」「第七感」に裏づけされた、より高レベルな視点。

昭王も深く考えていたからです。

のちに「伝説の大将軍」として信たちの前に現れる王騎は、歴戦の武将らしいギラつきは残しながらも、すべてを達観したかのような落ち着きと、静かな威厳に包まれていました。その雰囲気から、王騎も「時空を超えた視点を持つ」大将軍に成長したのだと感じました。

もしかしたら、かつての藺相如との出会いが王騎の「視点の数」を増やし、人間をひと回り大きくするきっかけになったのではないでしょうか。私は、そう思いながら読みました。

ちなみに、この本を書くに当たって、私は中国・西安郊外の始皇帝陵で発見された「兵馬《へいば》俑《よう》」を視察に行きました。その際、いちばん印象的だったのは、「大将軍」の表情が、誰よりも穏やかだったことです。

本当に強い人に、威圧感はありません。威圧感は、自分の弱さを隠すための「ジャッジ思考」から生まれます。大将軍とは、数万の兵を率いる人物です。武力はもちろんですが、多くの人を引きつける魅力溢れる人物でなければなれないでしょう。それはコミュニケーションの観点で言うと、「信念」はあれど、自己認識力が高く、へたな「思い込み」や「決めつけ」が少ない人物。「大将軍」の兵馬俑から、そんな人としての強さを実際にも感じることができ、思わず感動してしまいました。

藺相如と王騎に話を戻します。今を本気で「志」を持って生きていると、自然とその想い、「志」を受け継いでいく者が現れるものです。その「志」を自分の人生で実現できなくても、同じ意志を持つ人物にバトンが渡っていく。これが〝美しさ〟なのです。

「自己認識力」が高くなければ、自分が本心から望むことが明確に像を結ばず、理想的な後継者を選ぶこともできません。藺相如は、敵国の武将である王騎を「同じ役割を持つ者」と感じたからこそ、戦場で「中華の未来」の話をしたのではないでしょうか。

器の大きな人は自分を小さく観ている

そしてもう一人、忘れてはならない人物がいます。藺相如亡き後、趙の舵取り役として大活躍を見せる、ご存じ現三大天・李牧《りぼく》です。彼もまた、確実に「先の読める」人物。この章の最後は、李牧に飾ってもらいましょう。

信や嬴政、王騎将軍など、秦国の登場人物に肩入れしながら『キングダム』を読み進めている読者の中には、李牧を「敵」と見なしている人もいるかもしれません。

そんな方もぜひ一度、広い目で李牧を見つめ直し、彼の優れた点に注目してほしいと思います。

李牧もまた、とても器が大きな人物です。それが最もよくわかるのは、秦の丞相・呂不韋《りょふい》との対面シーンでしょう。

趙の李牧が、秦の都・咸陽《かんよう》の王宮に現れるくだり。呂不韋が、趙王の寵愛を受ける美少年を人質にとって、李牧を呼び寄せたのです。

李牧の戦場での功績を褒めたたえる呂不韋に対し、自分は本来人の上に立つような人間ではなく、辺境の地で家族と羊でも飼って暮らしたい、と語る李牧。

呂不韋は一笑に付し、李牧の策略によって秦国の大将軍・王騎を失ったことに言及します。

「あの王騎《おうき》を嵌《は》め殺した男は、もっと大きな人間だと思っておったが」（『キングダム』第17巻）

この言葉に、李牧は伏し目がちに答えるのです。

「逆ですよ。小さい男だから勝てたのです。小心者だから、あれこれと小賢しい策を必死に練る。卑怯でも何でもいい。こちらが傷つかぬためなら、手段を選ばぬ。策の緻密《ちみつ》さこそ、私の気の小ささの現れです」（同書）

これは単なる謙遜ではありません。李牧が自身を小さく語れるのは、彼の視野があまりに広いことを物語っています。李牧が観ている景色は自国の趙だけに留まらず、中華全土であり、中華の歴史、未来にまで及んでいるのではないかと思います。

その視点から立ち戻れば、自分自身はそれこそ豆粒のように小さく観えることでしょう。**繰り返しますが、観ている景色が広ければ広いほど、そこに立っている自分の姿は小さくなっていくのです。**

呂不韋と李牧の周囲では、秦、趙両軍の兵士がにらみ合い、一触即発の雰囲気です。しかし、李牧にはまったく怯む様子がありません。自らの命が危機にさらされる局面でも、端正な表情

はっは
ご冗談を
国の英雄となった貴殿がそんなしょぼくれた夢をお持ちなど…
あの王騎《おうき》を嵌《は》め殺した男はもっと大きな人間だと思っておったが
逆ですよ
小さい男だから勝てたのです
小心者だからあれこれと小賢しい策を必死に練る
卑怯《ひきょう》でも何でもいいこちらが傷つかぬためなら手段を選ばぬ
策の緻密《ちみつ》さこそ私の気の小ささの現れです
宰相《さいしょう》となってからはあなたのような豪胆な人間だったらと羨《うらや》ましくも思いますが…
まァ そしたら私は王騎将軍を討つほどの策士になっていないというわけです
っはははは なるほど
李牧《りぼく》殿は小心者か
わはははは
ふははは
そうか
?
はは… ではそろそろ本題に入ろうか

趙の李牧を見極めたいがゆえに、咸陽まで李牧を呼び寄せた呂不韋。そんな呂不韋に対し、李牧は自らを「小さい男」と称した。『キングダム』第17巻より。

を崩すことなく、軽く笑みまでたたえている冷静さに、李牧の器の大きさが表れています。**逆に、自分のことばかり考えている人は、自分が大きく観え、態度も大きくなるのです。**

李牧を呼びつけた呂不韋は、李牧の器の大きさに気づいて言います。

「貴殿が自分で小心者というのはかまわぬが、それは人の大きさを表すものではない。強欲でないのは確かだろう。欲の塊《かたまり》のような儂《わし》には、ふつう、そういう人間はちっぽけに見えるのだが、なぜか貴殿はむしろ恐ろしく強大に映る」（同書）

このシーンに限らず、李牧は自国以外の武将たちと、気軽に言葉を交わしています。中華の未来を考えている李牧にとって、「今の敵」は「未来の敵」ではないのです。

李牧の底知れぬ強さの源は、このような人間性にあるのではないでしょうか。

自己認識力が高い人は「敵」・「味方」を区別しない

函谷関で秦軍と趙軍が激突した際、窮地に陥った麃公《ひょうこう》将軍を助けに行こうとする信を李牧が見つめている場面がありました。向かえばきっと、信も死は免れません。ここで、李牧らしい心の声が表現されます。

「私に子供を殺させるな、麃公《ひょうこう》」（『キングダム』第30巻）

麃公には、李牧の想いが伝わりました。敵同士でありながら、互いの心を一瞬で読み合う美しいシーンです。

麃公は、死をも恐れず自分を助けに駆けつけようとしている信に、この場を捨てて咸陽《かんよう》へ行け、と命じます。みすみす信を死なせるわけにはいかない、という麃公の気持ちが、痛いほど伝わってきます。

では、李牧は？　彼はなぜ、敵であるはずの信を「生かしたい」と考えたのでしょうか。

キーワードは「子供」、そして「未来」です。

平和な中華を夢見ている李牧は、かつて同じ趙で中華統一の景色を観ていた藺相如の後継者とも言えます。李牧もまた、来るべき平和な世界のために、「中華を熟させる役割」を担っている一人です。そのため彼の中には「敵」・「味方」という明確な区別はなく、自国で出世したいという個人的な欲もないように思います。

李牧が理想とする平和な中華を実現させるには、若い力が必要です。信のような「子供」は、未来の中華を担う大事な人材。だからこそ、「私に子供を殺させるな」と願うのです。先ほど述べた楚の項翼を想う騰の心境と同様です。

自己認識力を高めれば、「敵」・「味方」などと区別することなく、また、自分の存在意義を「今」「生きている間」だけでなく「未来」にまで感じることができ、結果、「視点の数」を無限に増やすことができるわけです。この章の登場人物は、それを教えてくれています。

さて、ここまで紹介してきた『キングダム』の登場人物たちは、〝ある共通の視点〟を持ち合わせていることにお気づきでしょうか。

その視点こそが、『キングダム』の世界を美しく輝かせ、多くの読者から支持される秘密のカギであると私は考えます。

「敵・味方」「上・下」「損・得」で人やものごとをジャッジしない視点。

その視点とは、いったい何なのでしょうか？

『キングダム』の凄さの源はその「究極の視点」で全体が貫かれているから、と言っても過言ではありません。その視点は、コミュニケーションを築く上で最強の視点であり、人間関係に最高の美しさをもたらす視点でもあります。

次章では、私の考えるその「究極の視点」を『キングダム』オールキャストのエピソードで紹介します。そこには、究極のコミュニケーションが詰め込まれています。

第三章

『キングダム』に秘められた究極の視点

第三章で新たに登場する人物

秦

蒙恬《もうてん》
信と同世代の天才肌の武将。蒙武の息子。楽華隊隊長。

蒙驁《もうごう》
白老と呼ばれる秦国の大将軍。蒙恬の祖父。

麻鉱《まこう》
王翦軍第二将。朱海平原で李牧に討たれる。

蒙武《もうぶ》
呂氏四柱の一人で、圧倒的な武力を誇る猛将。蒙恬の父。

道剣《どうけん》
紫夏とともに嬴政を秦国へ脱出させた秦の役人。

山の民

楊端和《ようたんわ》
秦の西の山界を統べる女王。嬴政と同盟を結ぶ。

バジオウ
二刀流を操る山界随一の剣士。平地の言葉を話す。

魏

輪虎《りんこ》
廉頗四天王の一人。信と壮絶な一騎討ちを繰り広げた。

趙

紫夏《しか》
嬴政を秦国へ逃がす使命を果たした趙の闇商人。

慶舎《けいしゃ》
「沈黙の狩人」の異名を持つ本能型の武将。

岳嬰《がくえい》
慶舎の副将。慶舎を討った信に復讐を誓う。

尭雲《ぎょううん》
趙国旧三大天・藺相如の側近だった本能型の将。

この章ではコミュニケーションにおいて最も重要な要素と私が考える「究極の視点」をとり上げます。

『キングダム』を『キングダム』たらしめる「究極の視点」、それは……

「敬意の視点」です。

人と継続的に良好な関係を築くためには、相手への気遣いが欠かせませんが、その気持ちが最高に高まると、相手だけでなく、相手の大事にしている人やものにも自然と「想い」が及びます。それが「敬意の視点」なのです。「敬意」とは、相手を「尊敬」「感謝」していなくても持てる視点です。

10～11ページの図を見てください。❸の百人将レベルになると、自分が深く関わる人に対し、自分が相手にどんな影響を与えるかを考慮できるようになりますから、自然と「尊敬の視点」が備わります。

視野がさらに広がると、自分のチームや敵対者に対しても「敬意の視点」が生まれ（❹）、さらに❺以上になると、相手の大事にしている人、ものにも敬意を表せるのです。誰も邪魔をしない総大将同士の〝一騎討ち〟の文化は、まさに「敵」「戦い」に対する〝敬意〟から生まれています。

「敬意の視点」を究めると、敵・味方の区別なく、たくさんの人の想いを継げるようになり、人として「強く」もなれます。

では実際に、『キングダム』の登場人物たちの「敬意の視点」を見ていきましょう。

相手が「大切にしているもの」に敬意を払う

信《しん》が愛される理由は、一見勢い先行型のやんちゃ小僧に見えても、しっかりと「敬意の視点」を備えているところにあると思います。信は、隊員が三百人、千人と増えても、気持ちや態度を変えません。入隊の理由や新旧で隊員を区別することもなく、飛信隊への参加を感謝し、一人一人に対して敬意を払っています。

それがよくわかるシーンがあります。山陽《さんよう》の戦いを前に七百人もの新隊員を迎え、飛信隊が千人隊となったときのあいさつです。
七百人の新隊員は、魏国の将軍・輪虎《りんこ》に暗殺された千人将・乳備《かくび》の兵たちでした。騎馬兵も多く、歩兵もすべて甲冑に身を包んでいる乳備隊を見て、古参の飛信隊員たちはささやき合っています。

「俺らみてェな百姓部隊にくっつけられて頭来てんじゃねェのか?」（『キングダム』第19巻）

それは杞憂でした。元乳備隊は七百人揃って、信に心からの「拝手」をしたのです。実は、乳備千人将と信は、境遇が似ていることから互いに親近感を抱いていました。乳備は下僕の出身ですが、養子として士族の乳家に入り、若くして千人将となった人物です。

「今日より我々は飛信隊として命をかける所存ですが、道半ばで倒れた乳備様の想いも胸の片隅に抱いて戦うことをお許し下され」（同書）

あいさつした楚水《そすい》もまた、「敬意の視点」のもち主です。「飛信隊に対して敬意を払い、このように自分たちの姿勢をまず丁寧に伝えたのです。この言葉を聞いていた飛信隊の面々も、楚水の「人間性」に感激しているような表情を浮かべていました。

それに対して信は、楚水の想いを受け止め「当然だ」と答え、楚水に飛信隊でも副長になってくれるよう頼みました。そして、新編成の飛信隊員に向き合って言います。

「飛信隊《こ》では《こ》士族も百姓も関係ねェ。古株も新参も関係ねェ。みんな色んなもんしょい込むだけしょい込んで戦えばいい。俺たちはそうして一つのでっけェ塊《かたまり》になって、敵をぶっ飛ばす!!」（同書）

信はしっかりと楚水の言葉に肯定の意を示しています。元乳備隊七百人の乳備隊長への想いに敬意を払い、その気持ちを認めた瞬間です。新たに入隊する隊の隊長がこのように全力で気持ちを受け止めてくれるのであれば、彼らはこの後命懸けで戦うことに躊躇《ちゅうちょ》はないでしょう。

部下に敬意を払えるリーダーは、当然ながら部下からも敬意を払われます。部下の想いに敬

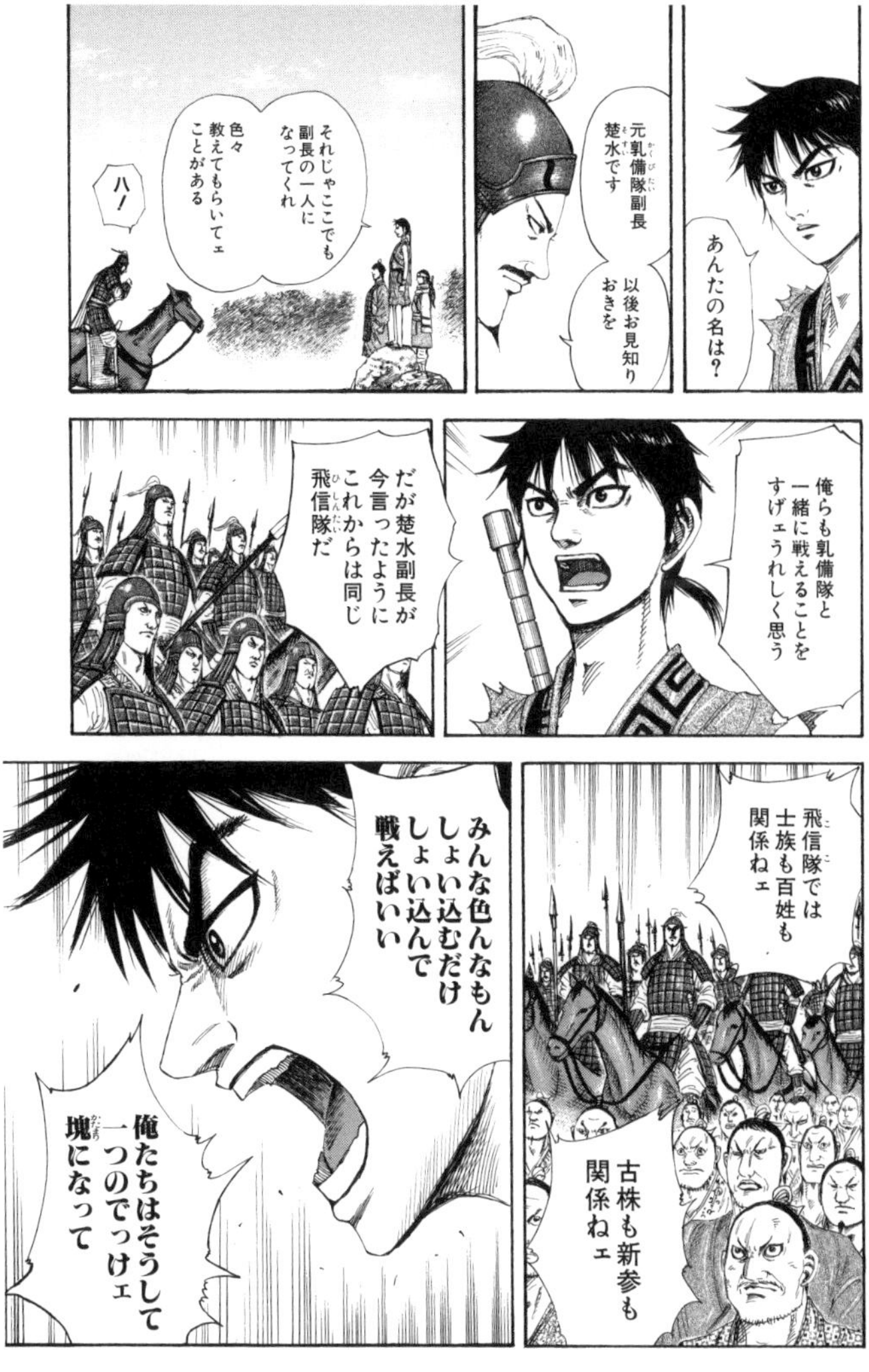

山陽での戦いを前に、秦軍総大将である蒙驁のはからいで千人将へと昇格した信は隊員たちに語りかけた。『キングダム』第19巻より。

意を払うとは、部下が「大切にしているもの」を知り、そこに敬意を払うということです。

——夫婦も友人も恋人も、そんな〝敬意の視点〟を互いにもち合うことで、信頼関係は大きく育っていくのです。

広大な視野が瞬時の判断を生み出す

次にコミュニケーションの達人・蒙恬《もうてん》に登場してもらいましょう。

蒙恬のコミュニケーション力も、語ればきりがないほどです。『キングダム』の中で、いちばん安心感を与えてくれる人物でもあります。

広い視野と冷静な状況判断力をもちながら、誰に対しても友人のように、しなやかに接している蒙恬。彼の魅力を一言で表すなら、「自然体」です。

蒙恬は、発言のすべてに、相手に対する「敬意の視点」を忘れません。蒙恬の「敬意の視点」を特に強く感じ取れるのは、朱海平原《しゅかいへいげん》の戦いでリーダー麻鉱《まこう》が殺され、意気消沈する麻鉱軍を急遽立て直した場面。

生前の麻鉱将軍がいつも隊員を鼓舞していた言葉を、麻鉱兵へ向かって部下に叫ばせたのです。

「麻鉱《まこう》様より、全兵士への言葉だ。『立って、戦え!!』」（『キングダム』第49巻）

蒙恬は、自分が将として発する言葉ではなく、麻鉱軍の兵士たちが大切にしてきた「言葉」に着目しました。これは麻鉱軍に対する、また、麻鉱軍が大切にしてきたものに対する敬意です。〝麻鉱〟の言葉を耳にした兵たちは、失っていた士気を復活させ、見事に趙軍を押し返したのでした。

蒙恬は、「今、自分にしかできないこと」、「自分がすべきこと」を、いち早く判断する能力に長けています。それをよく表すのが、山陽の戦いにて輪虎兵と激突したシーンです。信、蒙恬、王賁《おうほん》という若き三武将が初めて顔をそろえた魏の山陽攻めでは、蒙恬が自ら「ツブレ役」を買って出ました。

魏軍の将・輪虎を討つため、蒙恬の楽華隊が先陣を切って輪虎兵の数を大幅に削ぎ、信と王

朱海平原での戦いで、主を討たれた麻鉱兵にとって大切な麻鉱の言葉を用いることで、蒙恬は士気を復活させた。『キングダム』第49巻より。

貢がその隙に輪虎の本陣に攻め入る策です。

自らの隊が最も血を流すうえ、輪虎討ちの武勲は信と王賁に譲る策を立てた蒙恬。**これを瞬時に判断できた理由は、人一倍「視点の数」が多く、「広い景色が観えている」からです。日頃から自らの短期的な損得を考えず、広い視野で戦場での勝利を、秦国の利益を考えているからこそ、咄嗟に自らが犠牲になる策を提案できるのでしょう。**

蒙恬ほど、全体を広く観て状況を見極め、即座に行動に移せる若き将はいないと思います。

視野の広さについて、良い例があります。

WBSS（ワールドボクシング・スーパーシリーズ）を制覇し、「日本ボクシング史上最高傑作」と言われる井上尚弥《なおや》選手の強さを、同じジムに所属する八重《やえ》樫《がし》東《あきら》選手（元世界三階級制覇者）が、NHK『プロフェッショナル　仕事の流儀』でこのように分析していました。

「（彼は）ちょっと違うところから自分のことを見られるというか、客観的に、自分の立ち位置が分かっているので（中略）一瞬のやりとりは絶対に見逃さないんですよ」

では、そんな視点を持つには、どうしたらいいか。同番組で井上尚弥選手が基本動作をとことん確認するシーンがあり、そこでは井上選手はこう語っていました。

「ただ単に漠然とシャドーをするのではなくて、サイドのステップ、前後のステップ、重心の落とし方、今何を心がけてやっているのかとか、そういったところも確認しながら、やっぱり、より考えることが大事だと思う」

この言葉を聞いたときに、まさに広い視野だと思いました。あくまで私の解釈ではありますが、自分のすべての細かい動きまで意識し、客観的に観られるようになるためのトレーニング方法ではないかと。このような鍛錬の末に、井上選手は八重樫選手のコメントにあるように、とことん自己認識を高めることで、試合中も自分を客観的に観られる広い視野を得られたのではないでしょうか。

陰で人を助け、自然体で振る舞う

信同様、将軍の座を目指す蒙恬と王賁は名家の生まれで、蒙武《もうぶ》、王翦《おうせん》という偉大な父親を持っています。しかし、境遇が似ている二人が醸し出す雰囲気は対照的です。

王賁が高級そうな甲冑に身を包み、一分のスキも見せないのに対し、蒙恬は戦場にあっても甲冑の上に、絣柄《かすりがら》のような着物をまとっています。

一般に男性は自分を大きく見せようとする傾向がありますが、多くの場合、それは不安や余裕のなさの現れです。自らを大きく見せることもときには必要ですが、それを続けると動きにも言葉にも力が入りすぎて不自然となり、結果〝コミュニケーション力〟は下がってしまいます。自分に自信があれば、無駄な力が抜けて、顔の表情も和らぎ、人に不快感を与えません。蒙恬が「自然体」でいられるのは、実はこういう理由なのです。

時にチャラい言動も見せる蒙恬ですが、そのおかげで周囲の空気が和みます。蒙恬の場合、くだけ具合のほどの良さが、彼の人間関係における知恵や優しさ、品の良さを表しています。

蒙恬は、信の良き理解者でもあります。真っすぐすぎる信を軽くからかうこともありますが、信を誰よりも高く評価し、温かなまなざしで応援しているのは蒙恬かもしれません。

魏の高狼城を攻めた際には、義憤に駆られて味方の千人将を斬った信を陰で救いました。城を攻め落とした秦軍兵士が庶民に狼藉を働くのを見過ごせず、自軍の千人将・乱銅《らんどう》に斬りかかってしまった信。軍法会議で斬首を宣告されてもおかしくない大罪です。

しかし、当の信は力強く隊員たちにこう宣言します。

「飛信隊《ひしんたい》の信《しん》はどんな理由であろうとクソヤロォは絶対許さねェ!! 相手が千人将だろうが将軍だろうが王様だろうが関係ねェ!! それが、これまでも、これからも、ずっと変わることのねェ、俺の戦り方《や》だ!! 処罰が怖《こえ》ェからって、こんな状況を見て見ぬふりなんざして、何が天下の大将軍だ!!」（『キングダム』第18巻）

これが信の真っすぐさであり、第一章で紹介した「信念」なのです。

死刑かと思いきや、下された罰は「一夜限りの投獄」――。軍法会議の裁きは、信自身も驚くほど軽いものでした。実は蒙恬が「先に斬りかかったのは千人将の乱銅だ」と自ら訴え出て信を庇い、罪を軽くしたのです。**蒙恬はそれを誰にも伝えることはありません。**

しかし、王賁が気づきました。信に反発を抱いている王賁は蒙恬を問い詰めます。

「なぜあんな奴を助けた。子供もいいところだ。三百将にもなって感情の制御もできんとは」（同書）

「あいつはあいつで、自分なりの大将軍への道を持ってるんだ。俺は好きになったな。飛信隊《ひしんたい》の信《しん》という男が」（同書）

蒙恬は持ち前の視野の広さで、自分と異なるタイプである信の信念を理解し、それを陰で支持し、応援したのです。損得勘定ではなく自然体で行ったことなので、そのことを誰に言うわけでもありません。

客観的に高いところから自分を観ている蒙恬には、恩着せがましく自分を大きく見せようとはしない謙虚さがあるのです。**本当の味方は、絶対に恩着せがましい関わり方はしてこないものです。**

ちなみに蒙恬が信を好きになった瞬間が、第18巻160ページにしっかりと「…」で表現されています。蒙恬は実に真っすぐで綺麗な目をしています。

ここは信の行動と王賁、蒙恬の会話が、三人それぞれの性格をクリアに表す場面です。この三人の関係性を追いかけて読めば、人間関係のあり方を考える訓練になると思います。

否定された印象を相手に与えない絶妙な返し方

信、蒙恬、王賁が切磋琢磨しながら成長していく様子も、『キングダム』の見どころの一つです。信と王賁はしばしば反目し合いますが、そんなとき蒙恬がなだめ役を担います。蒙恬が信を誘って王賁のテントへ行き、魏軍の攻略法を話し合ったときもそうでした。

「俺らの問題は正面の敵、輪虎《りんこ》だ」（『キングダム』第20巻）

信が発言したとき、王賁は「バカが」と吐き捨てます。ムッとした信が「何っ」と王賁に詰め寄ったところで、蒙恬がすばらしい一言を口にします。

「信《しん》の言葉は、半分合ってて、半分間違っている」（同書）

廉頗四天王・輪虎を討つべく行われた信、蒙恬、王賁による作戦会議。蒙恬は同世代の中でも抜きん出たコミュニケーション力を発揮した。『キングダム』第20巻より。

三人にとって最大の標的は輪虎ですが、輪虎を討ちとるためにはまず輪虎軍の左右を固める軍の動きを分析することが大事。そのことに気づいていなかった信に対し、王賁は当たりの強い言葉を浴びせますが、蒙恬はこのセリフで切り返しました。

蒙恬からぜひ学んでほしいのは、この「半分合ってて、半分間違っている」という相手のプライドを傷つけない絶妙な言い回し。

ビジネスの場でも友人たちとの会話でも、「それは間違っている」とジャッジされたら、そのとたん耳を閉ざしてしまいそうになります。責められたような気になり、自分を守ろうとしてしまうからです。

しかし、まず「半分合っている」と表現してくれたら、否定された印象は受けません。「自分のことを理解し、認めてくれている」と感じ、「半分間違っている」ほうにも耳を傾け会話が進んでいくと思います。「半分合っている」のクッションをしっかり挟んで相手の意見に敬意を払い、その上で「半分間違っている」という伝えたい論点へ話を進めるのです。それもたったの一言で。これは簡単なようでなかなかできる芸当ではありません。

「もう少し」「さらに」を会話に盛り込む

母校である法政大学の「自主マスコミ講座」では、エグゼクティブアドバイザーとして一〇年以上教鞭をとり、学生を応援してきました。そこでは私も、学生に、「半分合っていて、半分間違っている」の言い方をよく使います。

ときには相手の間違いをはっきり指摘したほうがいいケースもありますが、そのときもジャッジするような言葉は避け、「合っている部分」「良い点」「頑張っている点」を先に認めてから、間違いを指摘するようにしています。

たとえ、学生に対してであっても、「相手を傷つけない言葉を選んで、こちらの話に耳を傾けてもらう」ことが、スムーズに会話を続けるコツです。

いくつか、「相手に耳を傾けてもらう方法」を紹介しましょう。ポイントは、「もっと」、「さらに」という言葉を会話に盛り込むことです。

ビジネスシーンでは、たとえば部下の作成した資料がひどい内容だったとしても、いきなり否定せず、まずはいい点を探し、**「箇条書きにしてくれたので読みやすい」**などと褒めることが大事です。その後**「ここをもっと掘り下げると、さらに要点が伝わりやすくなるかな」**など、ヒントを示しましょう。こうすれば、部下は積極的に資料を改良してくれると思います。

人は親しい間柄になればなるほど、ついつい「もっと」、「さらに」をつけ忘れてしまい、相手に不快な思いをさせることが多くなります。

また、なるべく「もしかしたら」「かもしれない」を使い、言い切らない言い方をすることも大切です。私は、とても繊細な内容である「子育てコミュニケーション」について全国で講演をしてきましたが、一度も反発するような意見を言われたことがありません。その理由は、決して決めつけた言い方をしないようにしているからだと思っています。相手を認めたうえでの発言を常に心がけることが大切です。

真のビジョンは「他者への敬意」から生まれる

次は、信と嬴政《えいせい》の「敬意の視点」を見てみましょう。

信と嬴政が王弟の反乱鎮圧のため、秦国より西方の「山の民」の力を借りに行くシーンです。

山の王・楊端和《ようたんわ》の前で、嬴政は単刀直入に「力を借りに来た」と切り出します。楊端和は聞き入れず、かつて秦が犯した残虐行為の罪を嬴政に償わせようとします。

「祖霊《それい》の怨念《おんねん》を鎮《しず》めるために、現秦王《しんおう》のそなたの首をはねねばならん」（『キングダム』第3巻）

死刑宣告です。しかし、嬴政はまったく動揺せず、「非はこちらにある」とかつての秦民の非道な行為を謝罪し、こう言います。

「この問題は根深い。俺一人の首をはねて解決すると思うのは間違いだと言っている」（同書）

その上で、戦争をなくすため「中華を統一する最初の王になる」と宣言するのです。それは、単に嬴政の野望の伝達ではなく、かつて争いによって祖先を殺された山の民へ、自分の首だけでゆるされる問題ではないという敬意を含んだ言葉でした。

さらにそこへ、同様に山の民の祖先への敬意を示すセリフを信が言い放ちます。

「もし、お前らが本気で死んだ奴らのことを想《おも》うのなら、奴らの見た夢を現実のものに変えてやれよ!!」（同書）

そして楊端和の心は、動きました。なぜ動いたのか。それはまだ少年と呼んでいい年齢の嬴政と信が、楊端和と同等かそれ以上に山の民への「敬意の視点」を持っていることがダイレクトに伝わったからだと思います。

山の民の祖先が大切にしてきた夢に敬意を払うことでその想いが楊端和の心に響いたわけです。

人が心を動かすのは、自分が大切にしてきた人やものごとに敬意を払う視点を受け取ったときなのです。

嬴政はこのとき、「恨みや憎しみ」を超えた「中華の未来」をも、楊端和に説きました。秦を恨んでいるであろう山の王の前で、堂々と、明確にビジョンを語った嬴政も立派です。

多くのビジネス書には、「経営者はビジョンを掲げることが大切だ」と書いてあります。ですが、そもそもビジョンを掲げること自体、一筋縄ではいかないことが多いものです。ではど

王弟・成蟜の反乱を鎮めるため、かつて秦と同盟を結んでいた「山の民」のもとを訪れた信たちは力を貸してくれるよう説得を試みる。『キングダム』第3巻より。

うすれば「力のあるビジョン」を掲げることができるようになるのでしょうか？

信や嬴政の行動がそれを教えてくれます。それは、

本物のビジョンとは、頭で考えるものではなく、今まで自分を支えてくれた人たちに敬意を示すなかで、自然と見つかるものだということです。

私が掲げている「誰もがコミュニケーションを学ぶ文化をつくる」というミッションも、それを実現するための事業も、私を支えてくれている親、家族、そして、子育ても仕事も頑張っている仲間たちに敬意を払うなかで、「親、家族、仲間のためにもやりたい、やり遂げたい」と、自然に生まれたものです。

支えてくれている人たちへの「敬意の視点」があってこそ、本物のビジョンは生まれてくるのです。

『キングダム』では、信と嬴政が物語の最初の王都奪還編で彼らのビジョンを心に響く言葉で存分に伝えてくれました。**そして、二人が中華統一というビジョンに反発する人たちと真摯に**

向き合うことで、ビジョンはより強く、力のあるものとなっていきます。この作品のストーリーを誰もが追いたくなるその理由は、ここにあるように思います。

「究極の視点」を持つ者同士がお互いを高め合う究極の名シーン

山の王・楊端和に「死」を宣告されても、怯むことなく中華全体の平和を述べた嬴政は、幼いながら王の風格を備えていました。

片や、嬴政と楊端和のやりとりを聞いただけで議論の本質をつかんだ信の理解力も突出しています。「人の想い」や「人の痛み」に対する共感力が秀でているため、相手の心を鷲づかみにする言葉を発することができるのだと思います。

この時点で信も嬴政もまだ一〇代半ばの少年。彼らは「中華統一」、「天下の大将軍」という夢を実現させるために切磋琢磨し、急速に成長していきます。「敬意の視点」を向け合える相手がいると、人は互いに高め合っていけるものなのです。

山の民を共に訪ねた日から四年後、成人を目前にした信と嬴政のコミュニケーション力は飛躍的に高まっていました。信は下僕から千人将に、嬴政は呂不韋《りょふい》に対抗でき得る存在になっていましたが、その人間力も図抜けた成長を見せているのです。原作でも名シリーズと名高い「合従軍編」から、私が震えるほど感動した二つのシーンを紹介します。

そのころ秦は、趙、楚、魏、燕、韓の五カ国からなる合従軍に攻められ、たいへんな苦戦を強いられていました。嬴政も王宮からなんと戦場に駆けつけ、王都・咸陽《かんよう》を守る最後の砦となる蕞《さい》で信たちと合流します。圧倒的に不利な戦況を知った嬴政は、負傷兵や老人、女性や子どもしか残っていない蕞の民衆に「兵となって戦う」よう檄を飛ばします。

「蕞《ここ》で敵を止めねば秦《しん》国は滅亡する。（略）そなたらの父も、またその父達も同じように血と命を散らして今の秦《しん》国を作り上げた。今の生活はその上に成り立つ。降伏すれば、敗《やぶ》れれば、それらは全て無に帰《き》し、秦の歴史はここで途絶える。（略）それを止められるのはそなた達だけだ」（『キングダム』第31巻）

この演説はすでに敵軍へ降伏しようとしていた民衆の心を打ち、彼らを国を守る戦士へと変

王都・咸陽を守る最後の砦・蕞。軍は出払い、一般人しか残っていない民に対して、嬴政は立ち上がるよう熱い言葉を投げかけた。『キングダム』第31巻より。

貌させました。嬴政が人々の心を揺さぶったのは、決して言葉の選び方や説得の仕方が上手だったからではありません。それも一要素ではありますが、そこに「敬意」がなければ人は動きません。

嬴政は今、まさに国を奪われようとしている民衆たちだけではなく、代々蕞での暮らしを必死で守ってきた彼らの祖先にまで敬意を表しました。それだけにとどまらず、民衆の子や孫の世代という未来の蕞の姿まで人々の脳裏に想像させました。この時代、一般の民衆にとって国王というのは一生のうちにとても見ることなどできない雲の上の存在です。その国王が自分たちの祖先や子孫にまで敬意を表してくれたからこそ、命を懸けて戦う決意を固めることができたのです。

このとき、嬴政は一八歳。昌文君が思わず天国の王騎《おうき》に語りかけてしまったほど、嬴政の目覚ましい成長ぶりがうかがえるシーンです。

そして『キングダム』を通して最も感動的だと思える会話が、この蕞の戦いのラストシーンで描かれます。嬴政の呼びかけで立ち上がった民衆たちの奮闘で、蕞の城、ひいては秦国はかろうじて守られたのですが、代わりに、多くの民が犠牲になりました。合従軍が退却した翌朝、そのことに心を痛めた嬴政は、胸のうちを信に伝えます。

「王の言葉で彼らが戦いに向かうであろうという計算があって、蕞《さい》へ来た。言葉巧《たく》みに、命尽きるところまで彼らを戦わせた俺の行動は、強制で立ち向かわせるより、ある意味質《たち》が悪い」（『キングダム』第33巻）

戦争に勝ち、祝勝ムードが漂う中、一人夜明けの城壁で亡くなった蕞の民たちへ敬意を表し、自らを戒める嬴政の姿には、言葉にできない荘厳さがあります。

それを受けた信は、わずかに沈黙した後、こう言いました。

「………やめろよ政《せい》。気持ちは分かるが、お前はやれることをやったんだ」（同書）

嬴政の気持ちを慮《おもんぱか》り、国王という存在である彼に敬意を向けていきます。さらに続けます。

「だけどな政《せい》、オレは途中から思ってたんだ。民もバカじゃねェ。連中も乗せられてることに

気づいてんだろうなって。気づいてなお、あんなに目ェ輝かして、最後まで戦ってくれたんだと思うぜ」（同書）

この信の言葉は、亡くなった蕞の民たちの想いへ敬意を払っているだけではなく、その民たちが嬴政へ向けていた敬意をも汲んで、それを失意の嬴政への励ましに変えているというすばらしいセリフです。どれだけの想像力があれば、瞬時にこんな言葉を口にできるのでしょうか。ため息すらこぼれそうなセリフです。

嬴政が自分の演説の中に「欺瞞《ぎまん》」を感じ苦しむなか、信は優しく彼を救いました。信は戦いながらその広い視野で蕞の民衆にも目を向けていたからこそ、嬴政にこんな言葉をかけてあげられたのでしょう。信、嬴政、そして蕞の民たち。この美しくつながれたコミュニケーションの形を目の当たりにして、私は号泣しました。

嬴政が目指すのは、中華統一。信の夢は歴史に名を残す大将軍。二人はその地点を目指しながら、途中で触れ合う人々に必ず敬意を払い、想いを寄せていきます。信も嬴政も、自分の満足のためだけに夢を追いかけているのではないからこそ、凄まじい勢いで成長していっている

蕞での戦いで、民の気持ちを利用したと自らを責める嬴政に信は優しく言葉をかけた。『キングダム』第33巻より。

のです。

それにしても、まだ一〇代の信と嬴政が、なぜこれほど深く、美しい会話ができるほどの「敬意の視点」を兼ね備えているのでしょうか。

まず信の場合は、親友・漂《ひょう》が亡くなったときに「敬意の視点」が生まれたのではないかと思います。死の間際、漂は次のような言葉を信に贈ります。

「俺達は力も心も等しい。二人は一心同体だ。お前が羽ばたけば、俺もそこにいる。信《しん》…俺を天下に連れて行ってくれ」（『キングダム』第1巻）

漂は自分が「天下の大将軍になる」という夢を叶えられなくなったとき、信にその想いを託しました。ずっと二人で同じビジョンを掲げて生きてきた漂だからこそ伝えられた言葉でした。その後、ことあるごとに信が漂のことを思い出す場面が描かれます。自分が歩んできた道を、漂と共有するかのように。信はいつだって、同じ夢を見た漂に想いを馳せ、記憶の中の漂に敬意を払っているのだと私は読んでいます。信の「敬意の視点」は漂との絆から生まれたものではないでしょうか。

その後も、信は「天下の大将軍になる」というビジョンを持ち続け、飛信隊の仲間や王騎、敵国の将など、戦場で出会った人たちの想いも受け継いでいくことで、視点の数を増やし、「敬意の視点」をさらに育んでいったのだと思われます。

では嬴政はどうでしょうか。秦国の王家に生まれながら、なぜ人々の心の奥底まで鋭く洞察でき、中華の行く末を見通し、配下の者や庶民にまで「敬意の視点」をもてるのか？

実は「敬意の視点」とは、人から人へ受け継がれるものです。

嬴政の幼少期、自らの命を犠牲にして、嬴政に「敬意の視点」を授けた人物がいたのです。

辛い境遇の相手の心に寄り添う「究極の視点」

嬴政は、隣国・趙で生を受けました。父親の子楚《しそ》は秦国の王子でしたが、趙の人質となり、王都・邯鄲で暮らしていたときに嬴政をもうけたのです。

その後、子楚は一人趙を脱出して秦へ戻り、残された嬴政は母親にも顧みられず、長平《ちょうへい》の戦い以来、秦を恨んでいる趙国内でひどい扱いを受けて育ったのです。

この時期、嬴政は夜ごと長平の戦いで命を落とした亡霊たちの悪夢にうなされながら、自分自身に問いを投げ続けていました。

「なぜ自分は生まれたのか？」

「なぜ、こんな目に遭っているのか？」

「自分とは何者なのか？」

「王とは、国とは何なのか？」

この自問自答こそ、嬴政が自己認識力を高め、視点の数を人一倍、一〇倍と増やすきっかけとなるのです。

嬴政の運命が急変したのは、九歳のとき。父親の子楚が太子となったため、次代の太子となる嬴政を趙からひそかに秦へ連れ戻す必要が生じたのです。

秦国から特命を受けた道剣《どうけん》らが協力を頼んだのが、闇商人の女・紫夏《しか》でした。高いコミュニケーション力を持つこの紫夏の「敬意の視点」が、まだ幼い嬴政に伝わったのです。

嬴政を秦へ逃がすべく奔走した紫夏ですが、その目的を完遂したところで趙軍の矢に射貫かれてしまいます。誰もが涙せずにはいられない嬴政と紫夏のやりとりを見てみましょう。

「お前のおかげで、俺は秦《しん》へ帰れる。お前のおかげで、俺は王になる」（『キングダム』第8巻）

瀕死の紫夏に語りかけた嬴政に、まず紫夏はこう返しました。

「道剣殿《どうけん》…たちのことも、忘れては、かわいそう。フフ」（同書）

こんなときでも、共に亡くなった自分の幼馴染でなく、嬴政を連れ出しにきた異国の秦の家臣の名を口にする紫夏。この何気ない一言に、紫夏の深い「敬意の視点」を感じます。そして彼女はこう続けるのです。

「あなたは生まれの不運により、およそ王族が歩まぬ道を歩まされた……しかし、逆に言えばあなたほどつらい経験をして王になる者は、他にいません。だから、きっと、あなたは誰よりも偉大な王になれます」（同書）

紫夏が本当に深いところで嬴政の歩んできた人生に寄り添い、言葉を紡いでいるのがおわかりでしょうか。紫夏のこの言葉こそ、秦王・嬴政の原点であると私は思えます。いえ、言葉だけではありません。たった数日間の触れ合いで嬴政の心にある辛さを見抜き、有り余るほどの敬意を込めて、紫夏はその辛さを共有しようとしてきました（ここではそのすべてを伝えきれませんので、ぜひ原作コミックスを読んでみてください）。みずからの存在に圧倒的な「敬意の視点」を注いでくれた紫夏に、嬴政は計り知れない愛を感じ、紫夏の持つ「敬意の視点」を受けとったのではないでしょうか。

命を賭して大事な人を守り抜く勇気、相手の境遇に共感する思いやり、そして相手を心から敬う視点。

幼い嬴政を趙から秦へ無事に送り届けるという任務を請け負った闇商人の紫夏。死に際に出てきた言葉は、嬴政に大きな影響を与えた。『キングダム』第8巻より。

紫夏は、自らを孤児の境遇から救い上げてくれた養父に愛情を学び、「受けた恩を次の者に」という遺言通り、嬴政にバトンを渡したのです。

人の本性は別れ際や窮地に陥ったときに現れる

紫夏が嬴政に遺した言葉には、これまで自分を支え、愛情を注いでくれた人たちへの敬意が込められていて、読む者の涙を誘います。

紫夏だけでなく、『キングダム』には窮地に陥ったとき、あるいは死の間際に美しい言葉を残す人物が大勢います。それがこの作品の圧倒的な魅力となっています。

そんなシーンを二つ紹介しましょう。まずは、「美」と「智」、「武」と「勇」をすべて備えている山の民の王・楊端和のセリフです。

秦趙連合軍戦に山の民を引き連れて参戦した楊端和は、橑陽《りょうよう》で敵軍に追い詰められました。

もはや絶体絶命……というとき、駆けつけた副将バジオウによって救われます。しかし、そのバジオウも深い傷を負っていることを観てとった楊端和は、バジオウに詫びるのです。

「すまぬ、その様子、無理をさせた…お前にも…馬にも…」（『キングダム』第52巻）

自らの命が危機にさらされているにもかかわらず、自分より配下の様子に心を痛め、優しい言葉をかける楊端和。**しかも、なんと！　当たり前のように配下が乗ってきた馬にも心を配るのです。**

王騎将軍にも、「敬意の視点」を感じる場面が多々あります。特に馬陽《ばよう》の戦いでは、彼の大将軍ならではの広い視野から観た言葉が凝縮されています。

馬陽の戦いのクライマックスで、王騎は命を落とします。「武神」を自称する龐煖《ほうけん》との一騎討ちで、決して引けを取らなかった王騎ですが、思わぬ伏兵の横槍で深手を負ってしまいました。信たちとともに趙国の包囲からは脱したものの、力尽きて永遠の眠りにつくときがやって

燎陽の戦いで、絶体絶命の楊端和のもとへ駆けつけたバジオウに対し、楊端和は心からのねぎらいの言葉をかけた。『キングダム』第52巻より。

きます。

『キングダム』ファン、王騎ファンには実に悲しい場面ですが、命の火が消えようとしているその刹那、残された者たちに王騎が語った言葉は、私たちに大事なことを教えてくれます。

王騎将軍は、まず腹心の騰《とう》にこう語りかけました。

「本来、あなたの実力は私に見劣りしません」（『キングダム』第16巻）

第二章で騰を最強のNo．2として紹介しましたが、初めてその騰に対して、王騎は自分とほぼ同等だとその実力を褒め称えたのです。これはNo．2にとって何よりも深い承認だったと思います。

王騎がこのような言葉を言えたのは、騰が王騎の横に並んで同じ景色を観ていたことを、王騎もまた知っていたからです。ただビジョンを共有するだけでなく、お互いに敬意の視点を持ち合っている。No．1とNo．2の理想的な関係です。

騰に王騎軍の指揮を委ねた後、自分とは異なる呂不韋派の将軍・蒙武にはこう語りかけます。

「……まずは、命を賭して活路を開いてくれたあなたの愛馬に感謝を…蒙武《もうぶ》、あなたの課題は明白です。（略）あなたは間違いなく、これから秦《しん》国軍の顔になるべき一人です。そのことをしっかり自覚して、さらなる成長を期待します」（同書）

実は王騎が狙われてしまったのは、蒙武が軍を敵地の奥へ進めすぎてしまったからという経緯がありました。つまり王騎将軍から観れば、失策を犯してしまった蒙武は自分を死地に追いやった人物でもあります。しかし、王騎が蒙武に伝えたのは、まず愛馬への感謝と、蒙武が誰からも憎まれず、彼の成長にフォーカスできるよう気を配った言葉でした。

そして、王騎将軍が最後に語りかけた人物が信でした。

「童信《わらべしん》。修業をつけてやる約束でしたね。見ての通り、もはや無理になってしまいました。しかし、そもそも大将軍の私に直《じか》に教わろうなんて虫が良すぎますよ、ココココ。そういうことは、自分で戦場をかけ回って学びなさい、バカ者。皆と共に修羅場をくぐりなさい。素質は

馬陽での趙軍との戦で、自らの失策により王騎を瀕死の状態に追い込んでしまった蒙武。そんな蒙武にも、王騎は穏やかに声をかけた。『キングダム』第16巻より。

ありますよ、信《しん》」（同書）

そう言った後、力を振り絞って矛を信に投げ渡し、王騎将軍はその生涯を閉じます。信に矛を託したのは藺相如と同じく、未来を見据えた視点からでしょう。この王騎の最後の言葉の端々から、王騎は信が将来大義を成すことを確信していることが読み取れます。

藺相如《りんしょうじょ》が王騎にバトンを渡したように、王騎将軍の遺志は、矛とともに確かに信へと受け渡されたのだと思います。

自らの死を目前にしてもなお、その後を生き続ける者に対して、最大限の敬意を払った振る舞いができる。それは自分の生はここで終われども、その意志は未来へつながっていくという視点を持っているから。王騎の器の大きさは底が知れません。王騎が天下の大将軍たる確かな所以《ゆえん》です。

人の「想い」を紡ぐ本当の意味

受け継いだ「想い」が増えれば増えるほど、視点の数も多くなっていきます。戦乱の時代に生を受けた信は、幼少期から大事な人の死に次々と接していきます。普通なら自分も生きる意欲を失ってしまいそうな境遇です。しかし、逆にその過去の経験を自分の人生に背負っていけるのが信の強さであり、美しさでもあります。

信が人間の幅を急速に広げていくのは、ここに理由があるように感じます。

趙の将軍・岳嬰《がくえい》と信の一騎討ちのシーンを見ていきましょう。

岳嬰は「主」と仰ぎ敬愛していた将軍・慶舎《けいしゃ》を信に討たれています。岳嬰にとって信は憎き仇。朱海平原の戦いで信を目撃した岳嬰は、「慶舎の仇」とばかりに突進していきますが、王騎の矛を手にした信とぶつかります。

信も岳嬰も、戦場で散った敬愛する人を思いながら戦った点は同じです。しかし、両者には大きな違いがあります。

信に向かっていくとき、岳嬰が脳裏に描いたのは慶舎の死に顔でしたが、対する信が思い浮かべていたのは生きて勇ましく矛を振るっている王騎将軍の雄姿でした。

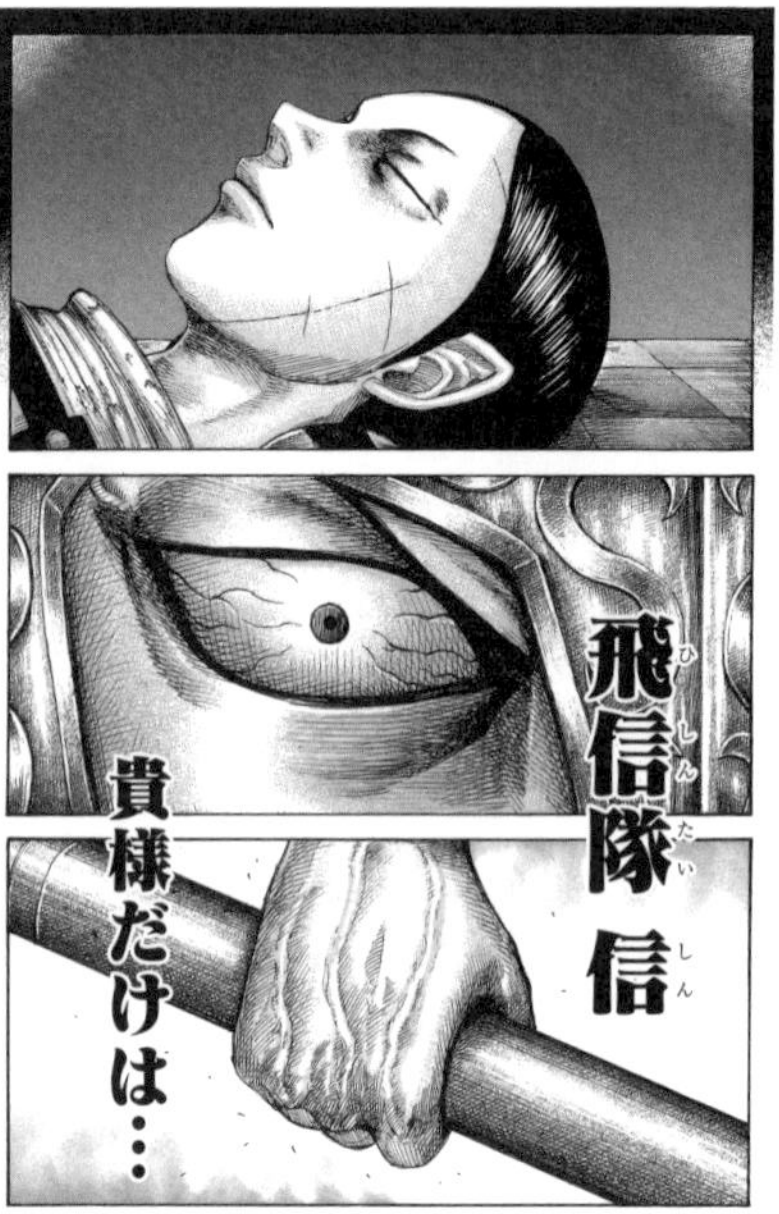

（右）慶舎の仇である信との一騎討ちにおいて、趙将・岳嬰の脳裏に浮かぶのは亡くなった主の姿だった。『キングダム』第52巻より。
（左）岳嬰とは対照的に、信の脳裏には矛を振るう生き生きとした王騎の姿が浮かんでいた。『キングダム』第52巻より。

亡くなった慶舎を思い浮かべて戦う岳嬰は怒りをエネルギーにしていますが、在りし日の王騎の姿を胸に抱く信はその想いを力に変えて戦っていると私は解釈しました。そんな二人の戦い、どちらに軍配が上がったのかは、あえて記すまでもないでしょう。

王騎将軍に倣って、信は味方だけでなく敵側の人間の想いもその肩に背負って戦っています。これが実力的に自分より優っている相手にも勝利できるカギとなっているのです。

信は、長平の戦いで秦軍に家族を殺された万極《まんごく》や、信と同様戦争孤児だった輪虎にも、敵ながら敬意や思いやりを向けていました。彼らを倒した後は、彼らの想いも受け継いで戦っているのです。仲間を失うたび、敵を倒すたびに強くなる信の秘訣はここにある、と私は思っています。

信の強さの秘訣に気づき、最初にそれを指摘したのは、趙の尭雲《ぎょううん》でした。

秦と趙の全面対決となった朱海平原《しゅかいへいげん》の戦いで信と矛を交えた尭雲は、信の背後に王騎将軍の影を感じとります。藺相如に仕えていた尭雲は、藺相如と若き日の王騎の対話を聴いていました。藺相如の遺志を受け継いで戦っている尭雲は、信もまた王騎将軍の遺志と矛を受け継ぐにふさわしい男だと認めたのです。

信の強さの秘密を悟った尭雲は、信にこう語りかけました。

「単純な武《ぶ》の話ではなく、重要なのは、貴様が〝人の強さ〟が何かを知っていることだ」（『キングダム』第51巻）

信は、尭雲に投げかけられた言葉の意味が、すぐには理解できませんでした。「人の強さ」とは!? 「人の強さ」を知っている理由とは!?

このとき信の頭に浮かんだ疑問こそが『キングダム』で最も重要な問いであり、この物語のテーマそのものなのではないでしょうか。私は、そう思いながら読んでいます。

尭雲の言葉の意味を信に知らしめたのは、尭雲の盟友・趙峩龍でした。「武」より「智」に秀でた軍師タイプの将軍です。それを承知していた信の仲間たちは、追い詰められた趙峩龍の予想を超えた武の強さに驚きました。

「弱いわけがなかろうが。思いを紡《つむ》いでいくのが〝人〟。ならば我が双肩《そうけん》には、先に逝《い》った八将と…病という不運で黄金の時代を去った、主《あるじ》、藺相如《りんしょうじょ》の思いが宿る…」（『キングダム』第55巻）

このとき趙峩龍が語った言葉には「人の強さ」の意味が端的に表現されています。将たちが戦うバトルシーンの中に、人間関係の本質をそれとなく入れてくる『キングダム』は本当に凄い漫画だなと感じさせられます。

ここまで『キングダム』のキャラクターが共通してもち、彼らのコミュニケーション力の高さの秘訣となっている「敬意の視点」について見てきました。**「視点の数」そのものが多い人こそ、「敬意の視点」を自然と発揮できる人であり、高いコミュニケーション力を持った人であることが、様々なエピソードでおわかりいただけたと思います。**

人に「優劣」はありませんが、持っている「視点の数」には差があります。「視点の数」が増えるほど、その人のコミュニケーション力は向上し、「強さ」と「魅力」が増していくの

です。

次の最終章では、「視点の数」を多く持った人が備える二つの力についてお伝えします。

一つは**「想定外の視点」**。「想定外の視点」を持つ人は、その「意外性」から人の注目を集め、好意を抱かれやすいという特徴があります。『キングダム』で最も「想定外の視点」を備えているのは元野盗の親玉・桓騎《かんき》将軍です。

そしてもう一つは、高い自己認識力がもたらす**「最強のコミュニケーション力」**。これはコーチングにおいて非常に重要な視点でもあります。こちらは飛信隊軍師・河了貂《かりょうてん》の質問力の高さをあげながら紹介します。

第四章

「想定外の視点」と「最強のコミュニケーション力」

第四章で新たに登場する人物

秦

羌瘣《きょうかい》
飛信隊の副将。
伝説の暗殺集団・蚩尤族の一人。

羌象《きょうしょう》
蚩尤の羌族の一人。
羌瘣にとっては姉同然の存在。

張唐《ちょうとう》
秦国随一の戦歴を誇る
頑固一徹な老将。

雷土《らいど》
桓騎に仕える副官。
自らも軍を持ち前線で戦う。

韓

成恢《せいかい》
函谷関の戦いで
韓軍を率いた総大将。

予想外、想定外の出来事は、いつも私たちの心を戸惑わせます。そんなとき、事態に素早く対処できる人、意外性ある言動で切り抜けられる人物はカッコいい。同性、異性を問わず、人にモテるタイプの人物でもあります。

『キングダム』で言えば、元は野盗団を束ねていた桓騎《かんき》将軍。その甘いルックスや残虐非道な戦いぶりに目を奪われがちですが、桓騎は**「想定外の視点」**のもち主です。

「想定外の視点」は、誰もがもてるものではありません。すでに多角的な視点をもち、コミュニケーション力が高まらないと、「想定外の視点」は獲得できないのです。つまり桓騎将軍のコミュニケーション力も、並たいていではありません。

もう一人、飛信隊の娘軍師・河了貂《かりょうてん》の洞察とコミュニケーションの力は、高い自己認識力が成せる最強のコーチレベルと言えます。そこにもスポットを当てたいと思います。

この二人の言葉や行動は、先行きが不透明な社会、想定外の事態が続出する世界を生き抜いてゆくための指針になると考え、この最終章で紹介します。

部下の不安を解消する「たった一言」

桓騎将軍は、もともとは野盗団の頭目として、秦の南方で非道のかぎりを尽くしていた人物。秦国の将軍となった今も、その残虐性で敵から恐れられ、自軍からも特異な存在として認識されています。

そんなエッジの効いた将軍・桓騎ですが、戦場での活躍ぶりは半端ではありません。しかもこの男は、野性的な魅力と色気も併せ持ちます。

私が運営するトラストコーチングスクールには、「キングダム愛読隊」という有志のコミュニティがありますが、そこで女性メンバーから圧倒的な人気を集めているのが桓騎将軍です。確かに桓騎は、男の私から見ても色気があって、華やかでカッコいい。その理由は、桓騎が見せる想定外の行動にあると私は考えます。

これまで他のキャラクターのエピソードでも挙げた函谷関《かんこくかん》の戦いで見てみましょう。

趙や魏、韓など五カ国の合従軍が攻め入った秦の要所・函谷関で、桓騎は敵だけでなく自軍さえも騙す奇策を講じ、秦の危機を救いました。

函谷関の守備に当たっていた桓騎は劣勢を悟ると、敵が城壁を登るために使用している兵器・井闌車《せいらんしゃ》を逆に利用して、函谷関の真ん前、つまり敵軍の真っただ中へ降り立ちます。桓騎は速やかに目の前にいた魏軍を蹴散らし、「魏」の甲冑と旗を奪って、魏軍になりすますのです。

誰が国の存亡を懸けた大事な戦いの窮地の局面で、こんな奇想天外な策を思いつくでしょうか。桓騎の手腕に驚かされます。

狙うは韓軍総大将・成恢《せいかい》の首。しかし、そこへ到達するには夥《おびただ》しい敵の中をすり抜けていかなければなりません。敵で埋め尽くされた平原を見て、桓騎軍の勇猛な副官・雷土《らいど》でさえもさすがに不安な表情を浮かべています。

それを察した桓騎は、「ハハッ、心配すんな雷土」と軽く言った後、こう断言するのです。

「全部、上手くいく」（『キングダム』第28巻）

函谷関での戦いで、無謀な策に不安を見せる自軍の兵に対し、桓騎はたった一言で士気を回復させた。『キングダム』第28巻より。

部下が口にできずにいる不安を察し、たった一言でその感情を包み込み、前を向けるよう背中を押す桓騎。その説得力と言葉のチョイスに高いコミュニケーション力を感じる一幕です。

ポイントは、第一章の「最強の自己紹介」と同様、自信を持って言い切っていること。これが「心配すんな。全部上手くいくはずだ」では、雷土は安心できなかったでしょう。とくにリーダーは、あえて〝言い切ること〟と〝言い切らないこと〟をしっかり意識する視点が大切だと言えます。

「類友」は〝優しさ〟の深さで決まる

その後、桓騎軍は見事、成恢の首を獲りました。矛で成恢を倒したのは、桓騎の呼びかけでこの作戦に同行した張唐《ちょうとう》将軍です。桓騎同様、函谷関の守備を任されていた張唐将軍は、出陣前まで桓騎を蔑《さげす》んでいました。

ある晩、国を背負う武将になる覚悟があるか、と張唐が尋ねたとき、桓騎がこう答えたからです。

「あるわけねェだろうが、そんなもん。（略）**国家なんて一枚皮をはぎゃ、ごく一部の人間が好き放題やってるだけのクソ溜《だ》めだろうが」**（同書）

昭王の時代から秦国のために人生を捧げてきた張唐には、この言葉が許せなかったのです。しかしその後、戦況を冷静に分析し、危険を伴う奇策を実行していく桓騎を目の当たりにして、張唐は桓騎の計り知れない資質を思い知らされます。

成恢を討ちとった直後、張唐将軍は成恢に盛られた毒で死を迎えますが、苦しい息のなか、桓騎に言い残しました。

「秦国《しん》一の武将となれ、桓騎《かんき》。秦を…頼むぞ」（同書）

ずっと蔑み悪態をついてきた桓騎に対し、初めて優しく向き合い、張唐が敬意を表した、グッとくるシーンです。

桓騎はいつになく神妙に聞いていた……かのように見えましたが、その口から出てきたのは、

「寝言は死んで言えよ、ジジイ」（同書）

というセリフ。張唐は、笑いともとれる息を「フッ」ともらした後、「剛情な、奴め…」と言ったところで息絶えます。

馬上から落ちかかる張唐。しかし、その体を桓騎が右手で力強くつかんで支えました。

「………チッ、調子の狂うじじィだったぜ、全く」（同書）

絶命した張唐に向けて桓騎が投げたのは、こんな言葉でした。

「調子の狂うじじィ」というセリフに、桓騎の側も張唐に向き合ったような心の変化を感じませんでしょうか。「調子の狂う」と言った桓騎は、それまで見向きもしなかった張唐という人間と関わったことで、「調子が狂った＝影響を受けた」と白状したように私には観えました。

また、「じじィ」という呼称にも、どこか桓騎なりの愛情が感じられてなりません。口の悪い桓騎のキャラクターは崩さず、それでいてなお桓騎の心情の機微を伝える。ここらへんの言葉の選び方は本当に絶妙です。

そして何より、張唐が落馬しないよう差し伸べた右手が、桓騎の心を雄弁に語っている気がします。このとき桓騎の行為の底にあったのは、長く秦国を支えてきた張唐や、将軍という立場への「敬意」そのものではないかと私は読み取りました。

おそらく桓騎は根っからの悪人ではありません。もしかしたら、張唐将軍の命が消えゆくことを察知していたからこそ、成恢討ちの武勲を張唐に譲ったのだとさえ思えるのです。張唐将軍に死に場所をつくってあげるために、敵の海の中に入る選択をしたと考えるのは飛躍のしすぎでしょうか。

私が考えるこのときの桓騎の優しさをわかりやすく伝えるために、良いたとえがあります。たとえば、お腹が空いている人に……

一．魚を与える　＝「短期の視点」の優しさ
二．魚の釣り方を教える　＝「長期の視点」の優しさ
三．「魚の釣り方を教えて」と本人が言うまで待つ　＝「敬意の視点の優しさ」

一、二の行為は、「自分が感謝されたい」「相手に影響を与えたい」という気持ちでもできます。しかし三は、相手の人生の「可能性」まで考慮した「敬意の視点」がないと、できません。

桓騎の行動は、まさしく「三」でした。張唐将軍は決して桓騎に「成恢を討ちたい」と言ったわけではありませんが、桓騎は持ち前の「敬意の視点」で、長らく戦に明け暮れた人生の果てに、この世を去る張唐将軍に花を持たせたのではないかと思えるのです。

この二人の関係性を考えるとき、私には「類は友を呼ぶ」という言葉が浮かびます。「類友」とは「視点の数」が近い人同士が自然とつながっていくものと私は考えています。「視点の数」が近いから、見えている世界も等しく、コミュニケーションが円滑でいて心地よい。年齢や所属するコミュニティが違うのに、妙にウマが合う理由はここにあります。「優しさの深さ」が近い人同士、という言い方もできるかもしれません。

原作を読まれている方にとっては、桓騎と張唐が「類友」と言われても、すぐにはピンと来ないかもしれません。張唐が亡くなるシーンに到るまで、二人は反目し合ってばかりいたからです。ですが、それは片や野盗の親玉、片や秦国のエリートという育ってきた環境の差が生んだ摩擦に過ぎず、本当は同じくらい「深い優しさ」を兼ね備えた「類友」に思えてならないのです。でなければ、死の間際でこんなにも美しい心の交流をできるはずがありません。

『キングダム』には、「視点の数」を等しく持つ「類友」の関係性が数多く描かれているので、意識して読んでみると非常に気づきが多いはずです。

桓騎の「想定外の視点」の正体

桓騎将軍の意表を突く戦術は、「想定外の視点」から生まれます。長年戦場に身を置く武将たちさえ考えつかないような戦術を、桓騎はいとも簡単に生み出し、結果を出していくのです。

なぜ、それが可能なのか。

それは何ごとにつけても「とらわれ」が少なく、自由だからでしょう。

桓騎は将軍としてへたな美学などをもたず、その局面で「最も効率的に勝てる策」を練っているだけ。それが傍から見れば「奇想天外」、「規格外」と映るわけです。

しかし、「想定外の視点」が持てるのは、誰よりも相手を深く観て、相手の視点から「それをされるといちばん怖い」ことを見極め、即座に実行できるから。相手に対する想像力が働かないと持てません。要するに、**「想定外の視点」は、曲者で、性格が悪いから持てるわけでは**

なく、「視点の数」が多く、コミュニケーション力が高いから持つことができるのです。

ともすれば視野を狭めることにつながる過去の武将の美学や常識にとらわれず、「相手を深く観る視点」があるからこそできるわけです。

モテる人の知られざる視点

こんな「想定外の視点」を持つ人物が身近にいたらどう感じますか？　半ば反発を覚えながらも、興味がわくことでしょう。人は、自分では想像できない景色を観せてくれる人に興味をもち、惹かれやすいのです。

それが異性なら、その興味は「恋心」に変わるかもしれません。桓騎がモテるのは、その深いコミュニケーション力で読者の想像を凌駕する言動を観せてくれるから。その驚きと余裕のある態度に、私たちは惹かれてしまうのです。

私が「桓騎の本質を観た」と感じる場面がありました。戦場に張ったテント内で桓騎とともに寝転がっている女性たちが、とても幸せそうな表情をしているのです。

一晩を過ごしたであろう女性たち全員を、あんなに幸せそうな顔にできる人間の本質が、殺戮を好む「悪」であるわけがありません。桓騎にはやはり内に秘めている優しさがあるのではないでしょうか。

我々には、なかなか桓騎のような雰囲気をかもし出すことはできません。しかし、「桓騎流」のコミュニケーションなら、学ぶことができると思います。

たとえば人を褒めるとき、あなたは次の三つの中でどれを選びますか？

一．その人が褒めてほしいと思っているところを褒める
二．その人がコンプレックスに感じているところを褒める
三．その人が褒められたことがないところを褒める

この三つを評価するとしたら、一から順に「下・中・上」です。なぜ三が「上」なのか。

それは褒め方に「想定外の視点」が含まれているからです。褒められた相手にしてみれば、自分の知らない「未知なる可能性」に気づかされたことになり、褒めてくれた人に心を開きたくなるものです。

これは異性間だけにとどまりません。相手が同性でも、年上でも年下でも同じ。人は、自分の想定を超えたまだ見ぬ未来や可能性を示してくれる人に興味を持つものです。

「想定外の視点」をもてば、三番の褒め方ができるようになります。まだ自信がもてない人は、自分の内側に「～であるべき」という決めつけがないかどうか、自問自答してみてください。これまで何度も述べてきた、自分の尺度や価値観で「ジャッジをしない」という力です。人の魅力についても決めつけないことで、自由な発想は生まれてくるのです。

「最強のコーチ」による「最強の質問」

さて、話題は河了貂《かりょうてん》に移ります。私は、まだ幼さを残していた頃の河了貂が羌瘣《きょうかい》に問いを投げかけたシーンを観て、彼女は「最強のコーチ」になれる素質を秘めている、と感じました。

暗殺者集団・蚩尤《しゆう》を構成する羌族の娘として生まれた羌瘣は、姉と慕っていた羌象《きょうしょう》の仇を討つことにこだわるあまり、感情をなくしていました。

「今の私の命は、あの女を殺すためだけにある」（『キングダム』第9巻）

初めて二人で話したとき、こう言って去ろうとする羌瘣に、河了貂は問いました。

「お前の中で一番くやしいと思っているのは何だ？」（同書）

羌瘣の返答を待たず、河了貂はより具体的な質問を続けて投げかけました。

「不確かな掟《おきて》に翻弄《ほんろう》されていたことか？」

「卑劣な手で象姉《しょうねえ》が殺されてしまったことか？」

「仇《かたき》が蚩尤《しゆう》となって生きていることか？」

「それとも、その人が殺されたときに、その場にいることができなかったことか…」（同書）

河了貂が放ったこれらの問いは、上級のコーチが成せる本質を突いた質問です。

決して羌瘣の心情を決めつけることなく、羌瘣がなぜ復讐心にとらわれているのか、その答えを導き出せるよう思考を深めるための投げかけになっています。これにはもちろん相手の気

復讐に心を奪われていた羌瘣に河了貂がぶつけた質問は、コーチングのお手本になるものだった。『キングダム』第9巻より。

持ちを慮《おもんぱか》る高いコミュニケーション力が必要です。

コーチングには「質問力」が問われます。相手の脳の中に質の高い問いを残すことで、相手の「意識」を変え、「新たな行動」を生み出すサポートをしていく。これがコーチングにおいて、最も重要なポイントです。

羌瘣に向けた河了貂の質問が的を射たものであることは、羌瘣の反応でわかります。象姉を殺した相手よりも、大事な人を守れなかった自分に怒りを覚え、自分を責めていることに気づいた描写が、その後にしっかりと描かれています。

このシーンを読んだとき、河了貂がこの先コーチ的な役割を担うのではないかと感じましたが、思ったとおり、河了貂はやがて飛信隊の軍師として大活躍を見せます。

羌瘣は、信《しん》や隊員との触れ合いを通じて頑《かたく》なだった心を徐々に開いていきます。その最初のきっかけとなったのが、河了貂が投じた「最強の質問」だと私は読み解いています。

「最強の質問」とは、その人が「無意識に守っていること」を気づかせる質問です。「守っていること」に気づくためには、コミュニケーションの中で相手を観察し、その相手が「決め

つけて話していること」に注意を払うことが必要です。「決めつけ」の「裏側」に、「無意識に守っていること」が隠れているのです。

「質問力」を高める秘訣

コーチングにおける「質問力」について、もう少しお話しします。そのコツを知れば、必ず日常における人との関わり方が変わってくるはずです。

友人、知人から悩みごとを相談されたら、あなたはまずどんな言葉をかけますか？　たとえば、

「あなたはどうしたいの？」

蒙恬《もうてん》の言葉を借りて言えば、これは「**半分合っていて、半分間違い**」です。

この質問に素直に答えようとして、自分自身の心に問いかけ、自問自答を始められる人もいるとは思います。しかし、こう問われて答えに窮してしまう人のほうがずっと多いと思います。

あなたが相談者だと仮定して、考えてみてください。友人であれプロのコーチであれ、人に心のうちを話して相談するのはどんなときでしょう？

「自分ひとりでは解決できない」、「誰かに話を聴いてもらいたい」、と思ったときです。そんなとき、やっとの思いで話をしたのに「あなた自身はどう思う?」と聞かれたら、返答に困りませんか?

そもそも自分が一人で考えたくないから相談しているのです。

実は、人は「質問されることを嫌う」生き物です。質問されると、その後の「会話」は、質問をする側が支配する形になるからです。

私の場合は三〇分のコーチングセッション(面談)で、多くても三つしか質問をしないように心がけています。それも「質問」だと相手に感じさせないように配慮します。

私のコーチングセッションを傍《はた》で聞いていると、ただの雑談に聞こえると思います。かしこまった質疑応答もしなければ、わざとらしい相槌をうたないことはもちろん、相手を無理やりポジティブな思考に向かわせるようなこともしません。

それでも相手が自分の怒りや悔しさの根本原因を見いだせなくて困っているときは、こんな質問をします。その質問は、河了貂が羌瘣にしたものと似ています。

「本当は、何が一番悔しくて、こんなにも怒りがこみ上げるのでしょう?」

「本当は、何を一番守りたくて、こんなに必死になっているのでしょう?」

「本当は、誰に一番認めてもらいたくて、こんなにもがいているのでしょう?」

このような「問い」を自然な流れの中で問われたとき、人は初めて冷静に勇気を出して、それまで「守っていた」自分自身と向き合うことができるのです。


大人になれば、誰だって一つや二つ、ふさぎきれない心の傷をもち、大きな荷物を背負って生きています。ふだんはそれを表面化しないでいても、ささいな失敗や人との摩擦に感情を振り回され、自分だけでは解決できなくなってしまうことだってあります。

そんなときには自分を外側から見つめ、自分の内面に深く問いかけてみることが必要です。

プロが使う「質問力を上げるポイント」を、ここで紹介しておきます。

最初に覚えるのは「NGワード」から。**「なぜ?」と問うのは避けましょう。「なぜ」から始める質問には、責められている印象があるからです。**

では、どのように質問すれば相手は自然と考えを始められ、答えやすくなるか。それは、**「何?」「誰?」**を多用することです。たとえば……

「次回、もっといい結果を出すためには、何をやめればいいいと思う?」

「今以上、お客様に喜んでもらえるよう、次は誰を巻き込もうか？」

大事なのは「未来」を問うこと。「過去の反省点」を探すのではなく、「進化した未来」をイメージできるような質問を投げてあげると、「明るい未来」に思考を飛ばしやすくなります。

自分の心に問いかける質問も同様に考えると、良い自問自答（セルフコーチング）ができることと思います。

「無意識」を「意識化」する力

相手に最強の質問を発するには、まず自分の立場や視点をしっかり確認する必要があります。嬴政《えいせい》が辛い幼年期に、「自分とは何者なのか？」、「王とは？」「国とは？」「戦とは？」と問い続けたように、ことあるごとに自問自答してみることが大切です。

一般に、人は自分のことをどこまで理解できているでしょうか？　残念ながら、自分で自分を一〇〇パーセント知ることはできません。

それどころか、きっと五〇パーセントも知ることはできません。**なぜなら、「自分」とは、他人との関わり合いの中にしか存在しないからです。**

しかしそれでも、自分を検証して、「自己認識力」を高めることは必要です。「男はこうあるべき」「女はこうあるべき」と決めつけてしまう自分はいないか、「家族」や「友達」「パートナー」「仕事」に関して、頑なに自分に課していることはないか。

一つ一つ自分に質問を重ね、頭の中から答えを出し、書き並べてみてください。私はこれを何度も行っているうちに、ふだん「無意識」の中に閉じ込めていたことを「意識化」することができました。

私たちは「無意識」を「意識化」していくことで「自己認識力」を高めることができ、世界を広げることができます。

自分が立っている位置からカメラを搭載したドローンを飛ばしたように、視界がぐんと広くなり、自分が小さく観えます。これだけで、人は謙虚になり、ずっと楽に生きられるのです。

すると、自分の立ち位置からの視点だけでなく、近くで相対している人、遠くで自分を見つめている人などの視点も意識できるようになり、**「視点の数」が増えてきます。**

「視点の数」が多くなれば、自分が周りの人に与えている影響を知り、また、与えられている影響をも知り得ます。そして、周囲で関わる人への「感謝」や「優しさ」も生まれてきます。周囲の人たちがそれに気づくと、**「応援される人」**になり、人として「強さ」を得られるのです。

ここでいう「強さ」は、「偉くなる」「権力を得る」という意味ではありません。応援してくれる人への「敬意」を抱きながら、その大事な人たちを守り続けるための「強さ」です。

これが「**最強のコミュニケーション力**」だと、私は思っています。

「認められたい」人がいる幸せ

誰もが信たちのように大きな夢を持っているわけではありません。それに、多くの人たちが〝夢を持て〟という言葉に苦しんでいます。私もそのひとりでした。ですから、私は「あなたの夢はなんですか?」と聞くことはありません。ただ、私が行うコーチング・セッションでは、必ず聞くことがあります。

「あなたが一番認められたい人は誰ですか?」

この問いにパッと答えられず、なんとなく万人に認められたいと思い、エネルギーが拡散している人はたくさんいます。**大切なことは「一番認められたい人」をはっきりさせ、いつも心の中で想うことです。夢がなくても、もっと成長したいと思える〝何か〟があれば、私たちは幸せを感じやすくなります。**

私の場合、「認められたい人」は恩師の伊藤さん以外に父親がいます。私の父親は鹿児島県の小さな町の生まれで、女手一つで育ちました。私の祖父に当たる人は、父が生まれた後、家族を置いて出ていきましたが、父は成人してから実父を捜し当て、父子の交流を始めたのです。結婚し、私が生まれてからも、毎年自分の父を家に招き、私に「おじいちゃん」という存在を与えてくれました。

私の誇りは、そんな器の大きい父親の子どもだということです。父にはどんな親であっても、自分をこの世に誕生させてくれたことに、「**敬意の視点**」があったのではないでしょうか。

「あの人に自分を認めてもらいたい」

そう思える存在がいることが、私にとってどれほどありがたいことか。その存在が大きければ大きいほど、常に自分の小ささを思い知らされ、謙虚に努力し、成長し続けられるからです。

最後はまた、私の話を聞いていただきました。

「自己認識力」を高め、**「視点の数」**を増やしていけば、いつか必ず**「認められたい人」**、**そして、「認め合いたい人」**と巡り会えます。自身のコミュニケーション力を磨きながら、この乱世を前向きにサバイバルしていきましょう。

最後に、自分の身の回りの問題だけでなく、近年、社会問題として取り沙汰されている「差別問題」「パワハラ」「セクハラ」「誹謗中傷」などの問題も、多くの人がコミュニケーション力を見直し、**「敬意の視点」**を大切にできれば、必ず解決し、強く、優しい社会になると、私は信じています。

おわりに

『キングダム』の物語をこんなにも「美しい」と感じるのは、人間関係において大切な「信頼」や本書で紹介した「究極の視点」を、登場人物たちが様々な形で見せてくれるからだと思います。

人は他人と関わることで、その人の目に映る自分を確認し、振る舞いや言葉をより良いものに変えていくことができます。

しかし、たとえ生身の人間と触れ合わなくても、美しいコミュニケーションが描かれている物語に出会えれば、そこに生きている人物から多くを学ぶことが可能です。『キングダム』に出会った私は、そう実感しています。

『キングダム』との出会いは、ある会社の経営者がもたらしてくれました。ここではAさんとさせてください。とある講演会で私の話を聴いたAさんは、終了後にこう話しかけてきたのです。

「馬場コーチの話、私は理解できましたが、うちの社員のあいつらに言っても理解できるとは思えません」

自社の社員を「あいつら」と呼ぶことが気になった私は、あえて、こう答えました。

「社員をあいつらと言っているあなたにも、本当の意味での理解は難しいと思いますよ」

Aさんはムカッとした表情で去っていきましたが、数日後に「コーチングをしてほしい」と依頼をしてくれました。

当時、社員を「お金を稼ぐ営業の駒」としか考えていなかったAさんに、私は聞きました。「本当はどんな社員と挑戦を楽しみたいのですか？」

すると、Aさんは照れながら答えたのです。

「『ワンピース』のような仲間」

その想いを叶えるため、Aさんはその後、自称「リアル・ワンピース・プロジェクト」と名づけ、会社の方針から採用方法までガラリと変えました。

みんなを「仲間」と呼べる会社にしたい。それがAさんの望みでした。

初めの一カ月、会社の方針と雰囲気の極端な変化になじめず、多くの社員が去っていきました。しかし、次の一カ月が過ぎるころから、Aさんのブログを見て、賛同する人たちが集まり始めたのです。

社内には『ワンピース』のフィギュアや海賊旗が飾られ、社員たちは自分専用の海賊シールを作って、仕事を楽しんでいる様子です。

Aさんは、自分が好きな『ワンピース』を媒介にして、社員たちの気持ちを一つにまとめていきました。そんな会社の中で誰よりいちばん楽しそうなのは、Aさんでした。

二年後、最終回のセッションで、Aさんにこんな質問をしました。

「Aさんにとって、仲間の定義とは何ですか?」

Aさんはこう答えてくれました。

「自分の葬式で泣いてくれる人かな……白ひげ船長の葬式みたいな……」

Aさんとのコーチング契約が終了して約三年が過ぎた頃、社員の一人から連絡を受けました。

「昨日、社長が突然自宅で倒れて亡くなりました」

葬式に参列すると、Aさんの会社を辞めていった人も含め、私が出会った彼の社員、いえ「仲間」たちがみんな揃っていました。

「仲間とは自分の葬式で泣いてくれる人」――セッションの最終日に語ってくれた言葉を、彼は実際に私の目の前で実現して見せてくれました。

そしてもう一つ、Aさんが私に残してくれたのが『キングダム』でした。

「『ワンピース』も面白いけれど、馬場さんにはまず『キングダム』を読んでほしい。すぐ読んで！　馬場コーチ、絶対に好きだから！」

Aさんの言葉通り、私はすぐに『キングダム』に惚れ込んで、コーチングスクールや大学の講演で「コミュニケーション」を語るとき、例に挙げるほどまでになりました。

あまり漫画を読まない私は、Aさんと出会わなければ、『キングダム』とも巡り会えなかったに違いありません。

そう考えると、この本を出版できたのも、「コーチング」を進化させることができているのも、Aさんのおかげです。

『キングダム』の最終回を、Aさんと熱く語り合えないのがとても悔しい。でも、いつかあの世で土産話ができるように、Aさんの分までこれからも『キングダム』を誰よりも深く読み込んでいくつもりです。

今回もこの本を書くに当たって、何度も何度も『キングダム』を読み返しました。そのたびに新しい発見があり、改めて『キングダム』の美しさ、深さ、広大さに驚き、感動しています。

この尊い登場人物の一人一人を生み出し、壮大な歴史絵巻の中で人間の美しい「結びつき」を丁寧に描ききっている原泰久先生と『キングダム』を愛するすべての読者の皆さんに、心から感謝と敬意の念を抱いています。

二〇二〇年八月二四日　馬場啓介

漫画 ©原泰久／集英社
構成 浅野恵子
装幀 新井大輔

馬場啓介

Keisuke Baba

トラストコーチングスクール／マザーズコーチングスクール代表。法政大学法学部卒。米国留学後、外資系人材サービス会社を経て株式会社コーチ・エィに入社。２００９年、ＮＰＯ法人トラストコーチングを設立。これまでに全国、世界数カ国で２０００名以上のコーチを育成。経済産業省や多くの企業では人材育成を担当している。近年、幼児教育にも力を入れ、現在３００を超える園・小中学校に研修や授業を提供。全国20カ所以上の県や市で精力的に講演を行っている。主な著書に『目標達成の神業』（かざひの文庫）、『なぜか好かれる人の「わからせる」技術』（サンマーク出版）、絵本『鏡の中のぼく』（ＮＰＯ法人トラストコーチング）などがある。

馬場啓介公式サイト　https://babakeisuke.com

『キングダム』で学《まな》ぶ最強《さいきょう》のコミュニケーション力《りょく》

2020年　9月30日　第1刷発行
2021年　1月26日　第3刷発行

著者　馬場《ばば》啓介《けいすけ》
発行者　岩瀬　朗
発行所　株式会社集英社インターナショナル
〒101-0064　東京都千代田区神田猿楽町1-5-18
電話　03（5211）2630
発売所　株式会社集英社
〒101-8050　東京都千代田区一ツ橋2-5-10
電話　03（3230）6080（読者係）
03（3230）6393（販売部）書店専用
印刷所　大日本印刷株式会社
製本所　加藤製本株式会社

ISBN978-4-7976-7390-6 C0095